デザイナーじゃない人こそ、知っておきたい

売れる
WEBデザイン
マーケティング
の法則

顧客心理逆算式デザインの思考法＆実践法

株式会社Open Field 代表取締役社長
野口哲平
Teppei Noguchi

フォレスト出版

▶ この本を片手に今のWEBサイトを見れば、 問題が解決し出す

　本書は、現役のWEBデザイナーはもちろん、WEBデザイナーではないものの、会社でWEBサイトにかかわっている方、ご自身のビジネスでWEBサイトを立ち上げている方に、お読みいただきたい1冊です。

　本書を手に取ってくださったあなたに、私がご提供したいこと、目的は明確です。
「かっこいい」「おしゃれ」なサイトではなく、「売れる」サイトをつくれる（発注できる）ようになること。
　あえて極端な言い方をしましたが、いくら「かっこいい」「おしゃれ」でも、売れなければ、何の意味もありません。逆に言えば、たとえ「ダサい」サイトでも、売れるのなら、そのサイトはすばらしいサイトである、ということです。
　この本における正解は、「かっこいい」「おしゃれ」なサイトではなく、「売れる」サイトです。もちろん、「おしゃれ」「かっこいい」上に、「売れる」サイトが最強のサイトです。
　ただ、「かっこいい」「おしゃれ」なサイトを最終目的にしている方は、この本を読んでもお役に立てないと思いますので、この本を閉じて、ぜひ他の本を探してください。

　なぜここまではっきりお伝えするのか？
　それは、私の「WEBデザインとは何か？」、しいては「WEBデザ

イナーとは何か？」という命題に対する１つのゆるぎない考えがあるからです。

デザイナーとは、アーティストではなく、問題解決をする人である——。

この考えが根底にあります。

デザインには、問題解決の力があります。

当たり前ですが、ＷＥＢサイトはユーザーに向けて、情報発信する媒体です。ＷＥＢサイトとユーザーの考えやニーズをつなぐ架け橋になるのがデザインであり、デザイナーです。

ユーザーが持っている問題を解決する（欲しいもの、悩みを解決してくれるサービスなど）商品やサービスをマッチして、提供する。そのマッチングに求められるのがデザインであり、デザイナーに求められる能力だからです。

つまり、「デザイナーとは、問題解決をする人」であるべきなのです。問題解決にあたる人が、直感だけを頼りにするのは、そもそも間違っていると私は考えています。

ちなみに、デザイナーさんでよくいるのが、「私が良いと思ったから良いんです！」という方。その思考は、デザイナーではなく、アーティストです。

自己を貫きたかったらアーティストになるべきで、デザイナーになるのは間違っています。

アーティストではなく、デザイナーであるのであれば、自己を貫くのではなく、どうすればクライアントの問題を解決できるかを考えなくてはいけません。

その解決にあたり自己主張が邪魔になるのであれば、時として柔軟性も必要になります。

だから、この本の正解は、「かっこいい」「おしゃれ」なサイトではなく、「売れる」サイトにすること。もし、今のサイトが売れない

のではあれば、そのサイトのデザインの視点から問題を抽出し、解決を導くこと。これが本書の役割であり、あなたにご提供できることと思って読み進めていただけたら幸いです。

▶ 新たな問題を発見できる 「顧客心理逆算式デザインの法則」

本書は、今までなかなか見つけることができなかった問題を見つけることができる思考方法を、できる限り法則化して解説しています。

私が長年の経験から得た知恵や知識から導き出し、体系化した **「顧客心理逆算式デザインの法則」** というものです。

この法則を基に、多くのWEBデザイナーやWEBサイト運営に従事されている方にお伝えし、おかげさまでその多くが売上を大きく伸ばしています。

WEBサイトの問題点といえば、今まではデザイン等の表面的な部分、広告等の集客方法に偏っていました。わかりやすいところで言えば、「『お問い合わせ』（申し込み）ボタンは、何色がコンバージョンが高いのか？」といったものです。

しかし、これは、根本的な視点が抜けています。

ずばり、**「ユーザー心理」** です。

もちろん、デザインや広告を行なう上で、ユーザー心理を考えてないことはなかったかもしれません。ただ、それはあくまでデザインに問題があり、それを解決する１つの手段として扱っただけにすぎなかったのではないでしょうか。私が今までご相談を受けてきた多くのクライアントが、本質的な意味での「ユーザー心理」を考えていないまま、表面的な部分だけで対応していた状態でした。

本書は、デザインを考える上でも広告を考える上でも、まず考えるのは、**ユーザー心理であり、その心理から逆算していくことによ**

り、デザインから問題を見ていったときとは違う、**新たな問題を発見できる特徴**があります。

「すべての答えは、ユーザーの中」にあり、その心理と心理に基づく行動を考える。

本書でお伝えする根幹を身につけることにより、今までは見つけることができなかった問題に気づき、自社サイトをもう一歩上の段階に引き上げることができるはずです。

▶ 始まりは、ユーザー心理とのギャップを認めること

「顧客心理逆算式デザインの法則」の原点は、ユーザー心理を知ることですが、それには大切な心構えがあります。

それは、**「自分とユーザーの心理にギャップがある」ことを認める**ことです。

いくらユーザー心理を知ったところで、自分の意見や考えが正しいという観点から抜け出すことができなければ、まったく無駄になってしまいます。

ユーザー心理を知ることにより、あなたの考えは、今まで長い間、間違っていたような感覚に陥ってしまうこともあるかもしれません。しかし、それは間違いではなく、あなたの考えとユーザーの心理の間にギャップがあることに気がついていなかっただけです。

決して考え自体が間違っていたのではないのです。

ユーザーとあなたの考えをつなぐ架け橋（コンテンツや企画、アイデア）がうまく機能していなかっただけなのです。

架け橋がうまく機能していないのは、ギャップがあることに気がついてないからに他なりません。そこに気がつけば、どのように機能させるか、どのように橋を架けるかを考えるだけですので。

まずは、**自分とユーザーの心理にギャップがあることを認め、あとは、その方法を本書を通して実践してください。**どんなギャップ

があるのか、どのように対応すればいいのか。このあたりも本書の中で詳しく解説していきます。

この心構え次第で、気づきも変わり、結果も変わってくるはずです。迷ったら、この話に立ち戻り、一歩ずつ前に進んでいただければと思います。

▶ あなたの自社サイトを「売れる」サイトに変える 思考法＆実践法

本書は、デザイナーではない方でもご理解できるように、**できる限り専門用語を使わずに書いています。**

マーケティングやデザインの概論ではなく、**サイトを改善するために必要な本質的な考え方を多くの事例や法則を使い、解説**しています。

ですので、例えば、皆さんのサイトのどこに問題があるかを突き止めるための手引きにもなります。さらに、その問題を解決するための本質的な考え方をご紹介しています。

本質的な考え方ですので、問題が仮に変わっても応用が効きます。

本書で頻繁に出てくる「ユーザーの心理に沿って考えていく方法」を身につけていただければ、サイト以外でも十分に応用し、問題解決の手助けになると思います。

第1章「なぜWEBサイトをつくった企業の60％が売上を上げられないのか？」では、売れないWEBサイトに共通する「売れない理由」を解き明かしながら、失敗しがちなサイトの問題点を浮き彫りにしていきます。

第2章「売上はデザインが9割」では、思わず陥りやすいデザインに対する考え方に触れながら、WEBデザインの重要性を説いていきます。

　第3章「売上10倍を当たり前にするWEBデザインの法則」では、いよいよ私が体系化した「顧客心理逆算式デザインの法則」の具体的な解説に入ります。第1、2章を飛ばして、いきなり第3章から読みたいと思う方がいるかもしれませんが、あまりおすすめしません。なぜなら、「法則」の前に知っておきたい思考法が第1、2章に記しているからです。読みたい気持ちはわかりますが、そこはグッと我慢して、第1、2章を読んでから第3章を読み進めてください。

　第4章「超実践！　自社サイトの課題と解決策の見つけ方」では、私がサイトリニューアルやサイト制作に携わった事例を交えながら、課題と解決策の見つけ方を解説します。

　第5章「デザインに心理トリックを取り入れて、0円でファンを殺到させる」では、実際の心理テクニックを織り交ぜながら、デザイン面からアプローチするマーケティング手法を紹介します。

　第6章は「セオリー無視！　今の流入数で最大限コンバージョンさせる方法」と題して、あえてサイト内に「営業時間を入れない」など、一般的に良しとされているセオリーを無視して成功した事例を交えながら、コンバージョンを最大化する方法をお伝えします。

　最後の**第7章**「WEB以外にも活用可能！　儲かり続ける発想力の鍛え方」では、第6章まででお伝えしてきた法則をフル活用する思考法&実践法を提示します。

「売れるWEBサイトにするために、どのような改善を図ればいいのか？」を軸にしながら、**徹底的に「ユーザー心理」から逆算したWEBデザインマーケティングをお伝えします。**

　本書を片手に問題を解決し、さらには、本質的な考え方を身につけ、仕事上のさまざまな場面で応用し、皆さんが飛躍されることを心から願っています。

CONTENTS

第**4**章

超実践！
自社サイトの課題と解決策の見つけ方　`129`

第**5**章

デザインに心理トリックを取り入れて、
0円でファンを殺到させる
——逆算式マーケティングデザイン　`139`

装幀●河南祐介(FANTAGRAPH)

本文デザイン・DTP●山下真理子(株式会社ファミリーマガジン)

編集協力●潮凪洋介／佐藤裕二(株式会社ファミリーマガジン)

第**1**章

なぜWEBサイトをつくった 企業の60%が 売上を上げられないのか？

売れるサイト、売れないサイトの差が拡がる時代

　ＷＥＢでの自社販売サイトは、ここ数年注目されてきましたが、コロナ禍をきっかけに、さらに加速が進んでいます。

　ご存じのとおり、**「Ｄ２Ｃ」**（Direct to Consumer）というビジネスモデルが本格化しています。これは簡単に言ってしまうと、自社で企画・製造した商品を、ＥＣサイトなどの自社チャネルで販売するモデルのことです。手数料をとられる大手販売プラットフォームに頼らず、自社サイトで販売するわけです。

　今までのBtoCと何が違うのか？

　本書はＤ２Ｃの本ではないので、詳しい解説は専門書に譲りますが、大きなメリットとしては、大手販売プラットフォームでは、なかなかできなかった**「顧客に自社のビジョンや思想をきちんと伝えられる」「顧客との関係構築」「顧客データの収集」**というものがあります。

　つまり、自社商品・サービスを買っていただける顧客や見込み客のニーズがよりわかり、それに見合ったより良いサービスや商品提供ができるわけです。

　ただ、売れるサイトと売れないサイトの差が生まれており、その差は拡大しているという現状があります。ある調査によれば、ＷＥＢサイトをつくった企業の６０％は売上が上がらないという結果も出ています。

　では、その原因や理由はどこにあるのでしょうか？

　私が今までコンサルティングしてきた経験から導き出した原因や理由を挙げながら、それぞれ解説していきます。

売れない理由❶

ホームページが「あることに意義」を感じてしまっているから

　このようなことを書くと、ほとんどの方が「そんなことはない！」と反論されるのではないかと思います。

　では、お聞きします。**御社では、どのくらいの頻度で自社のホームページを更新したり、コンテンツの内容を見直していますか？**

　つくったのはいいけれど、数年間まったく放置したまま……。

　たまに、気になってニュースを更新してみたり、気持ちを新たにブログを書き始めてみたりしたけれど、結局数回の更新で終わってしまった……。

　そんなこともあるのではないでしょうか？

　それであれば、結局、サイトがあることに意義を感じ、満足してしまっていると言われても仕方ありません。

　もし、そうでなければ、ちゃんとサイトを更新しようと努力するはずです。

　つくっただけ、あるだけでは、ホームページの効果が発揮できるわけではありません。当然、売上も上がりません。

　皆さんの会社はどうでしょうか？

　ホームページが「あることに意義」を感じていませんか？

　当たり前ですが、本書を手にとっていただいた方には、そんな質問自体が愚問でしたね。

　おそらく、いろんな本を読んだり勉強したものの、なかなか結果

が出ない……。「行き詰まっているので、なんとかしたい！」という思いで、本書を手にとっていただいたのですから。

　この本では、よくあるマーケティングやＳＥＯの話ではなく、本質をとらえた、本当に役に立つメソッドをたくさん紹介していきます。

　それと同時に、決して一過性の対策ではなく、時代が変わっても活用できるノウハウが満載です。

　ぜひ期待しこの先も読み進めてください。

売れない理由❷

SEO対策やSNS・ブログからの集客だけに目がいっているから

　皆さんは、ＳＥＯ対策やＳＮＳ・ブログからの集客をしていますか？

　集客しているとしたらその結果、どのくらいユーザーからのお問い合わせや購入に至っていますか？

　結果がしっかり出ているという方も、中にはいらっしゃると思います。しかし、費用の割になかなか結果が出ないという方も多いのではないでしょうか？

　本書では、結果が出ていない人はもちろん、結果が出ている人がさらに結果を出すための大切な要素についてお話ししていきます。

　大前提として、ＳＥＯ対策などを行ない、たくさんユーザーを集めることは決して悪いことではありません。

　しかし、集めたユーザーが、きちんとお問い合わせや購入してくれないなら集めていないのと同じです。

　繰り返しますが、ＳＥＯが悪いわけではありません。上位に表示さ

れれば、それだけ多くの人が見に来るので。

しかし、それだけに目がいってしまっては、本当に大切なことを忘れてしまうのです。

大切なこと。それは、

「きちんとお問い合わせや購入という行動につながっているか」

そして、

「その行動をするのは、まぎれもなくお客様であることを意識する」

ことです。

つまり、お客様のこと、もっと言えば、お客様の気持ち、心理、その心理からくる行動を把握しておかなければ、せっかくお金をかけてSEO対策をしても、ムダになってしまうのです。

その意識がないまま、SEO対策をはじめとした集客方法ばかりに目が行き、売上が上がらないサイトは数多く存在します。

売れない理由❸

更新頻度の低い「動きのないホームページ」になっているから

ホームページをつくったことに満足してしまい、更新を怠ってしまう……。

これは、よくありがちなことだと思います。

せっかくブログやニュースを書くためにいろいろと準備したのに、結局、長い間放置してしまっている。

担当者が替わってから、まったくニュースも更新していない。サ

ービス内容が変わったのに、昔の情報のままになっている。

そんな動きのないホームページになっていませんか？

動きのないホームページは、営業しているかどうかすらわからない、薄暗いお店のようなものです。 そんな営業しているかどうかもわからないお店にはあまり入る気はしませんよね。

それはホームページも同じです。

動きのないホームページでは、売上を上げることは難しいと思ってください。

お店と同じで動きがないだけで、逆にユーザーの不信感を買ってしまい、売上を自ら遠ざけてしまっているのです。

売れない理由❹
解説過多で、心理的な圧迫感が強いから

今度は、先ほどの更新頻度の低さとは逆パターンです。事あるごとに更新しているにもかかわらず、売上が上がらないというケースです。

サービスが増えるごとに、きちんと更新して、説明も丁寧に書いているし、サイトの中にたくさん情報を掲載しても、なかなか売上が上がらない……。

このケースは、ひと言で言うと、**「押しが強すぎる」点に問題があります。**

これも、実際のお店で考えるとよくわかります。

あなたが、お店に入った途端、

「この商品はいいですよ！」
「今がお買い得ですよ！」
「最後のチャンスですよ！」
「この商品には●△という特徴がありまして……」

　とグイグイ押されたらどうでしょうか？
　心理的な圧が強すぎて、ちょっと引きませんか？
「わかったから、まずはゆっくり選ばせてよ！」なんて気持ちにな
るはずです。

　商品の解説や情報をいくら丁寧に書いていても売上が上がらない
場合、ほとんどがこのように押しが強すぎたり、**「押すタイミング」**
を間違っています。
　いくら情報を丁寧に書く必要があっても、解説のタイミングとボ
リュームを間違ってしまい売上が上がらない場合も多くあります。

売れない理由⑤

ペルソナ設計、レスポンシブデザイン etc……
言葉だけ知っていて、満足していない？

　ペルソナ設計、レスポンシブデザイン……。
　最近、サイト制作を専門にされていなくても、このようなサイト
をつくる上での専門用語を耳にすることが多いのではないでしょう
か？
　当然ながら、言葉を知っていること自体は、まったく悪いことで
なく、むしろ良いことでしょう。
　しかし、ありがちなのは、言葉だけを知っていて、その言葉の意
味や本質を知らないということ。

そして、一番の問題は、**本質を知らないのに、言葉だけを知っていることで満足し、結果に結びついていない点です。**

　打ち合わせで伺った際に、やたらとこのような専門用語を使う方がいます。そのような方に限って、言葉を知っていることで、専門家である私たちに負けないぞというアピールをしているように感じます。

　サイト制作は、そのような優位性を競うものではありません。何よりも協力体制が重要なのです。

　言葉を知らなくても売上は上げられますし、売上を上げるサイトになるのであれば、言葉なんて知らなくてもまったく問題ないのです。

　ペルソナ設計、レスポンシブデザインも、知っている言葉の数ではなく**「それを自社サイトにどのように活かすのか？」**が何よりも重要なのです。

　言葉だけを知っている、だけど売上が上がらないという場合は、その言葉のもつ本質を、もう一度見直す必要があると言えます。

売れない理由❻
9割の会社は、流入しても心にフックをかけられない

「心にフックをかける」とは、どういうことでしょうか？
　いろんな考えがあるかと思いますが、ここでは、その中の1つをご紹介しようと思います。

　それは、フックをしっかりかけることができれば、ユーザーは自ら再びあなたのサイトを訪問しようと自然に思う、ということです。

　つまり、**心にフックをかけるとは、もう一度訪問しようと、ユーザーに思ってもらうための策を施すこと**です。

　それができなければ、ユーザーは他社に流れ、結果的に価格が安いほう、ポイント還元率が高いほうに流れてしまい、せっかくのあなたの商品の良さを理解してくれません。

　心にフックをかける方法に正解はありません。

　しかし、あなたのサイトに訪れるユーザーは、「どのようにすれば、一度サイトを離れたあとも、再び訪問してくれるか」を考えれば自ずと答えが見えてきます。

　ところで、このような話をすると、「メールアドレスを登録してもらい、そのメールアドレスに、メルマガを送ればいいんですよね？」と質問されるケースがよくあります。

　当然それも大切ですが、**テクニックや仕組みに走ってはいけません。**

　もう一度訪問したいと思わなければ、いくらメルマガを送ってもムダでしかないからです。

　テクニックは一度置いおいて、ユーザーになりきって、どうすればもう一度訪問したくなるのかを考えてみてください。きっとその答えは、難しいテクニックではなく、とてもシンプルなものだと思います。このあたりは重要な部分ですので、のちほど詳しく説明します。

流行りのデザインに流されて、路頭に迷っている

　よく「サイトデザインには、流行り廃りがある」と言われます。

　しかし、それは、何もサイトデザインに限った話ではないですよね？

　洋服でもなんでも、流行りは存在します。

　では、ここで２つ質問です。

①流行りは誰がつくったのでしょうか？
②流行りのデザインにすれば、売上は上がるのでしょうか？

　では、まず①から。

　流行りの原点は、誰かがそれをつくり、それに対して大勢が良いと思い、利用したりすることから生まれるものだと思います。

　はじめにつくられたものが純粋に良いのであればいいのですが、その流行りが作為的につくられたものだとしたらどうでしょうか？

　世の中の流行りがすべて作為的につくられたものではありませんが、まったく吟味もすることなく、「流行っているから」という理由で取り入れるのは、問題だと思いませんか？

　もし、あなたのサイトがそのような理由でデザインをされているとしたら、本当にそれでいいのか、もう一度考えてみる必要があるかもしれません。

　そのように言い切れる理由は②に隠されています。

　ちなみに②の答えは、ほぼNOです。

　「ほぼ」と申し上げたのは、流行り出したら売上が一時的に上がっ

たり、たまたまユーザーの趣向とマッチして売上が上がるということもあり得るからです。

　ただ、それはあくまでも**「たまたま」**であって、本質的には間違っています。

「流行りのデザインにすること」が重要なのではなく、**「使う側であるユーザーの趣向やあなたのサイトのサービスがマッチしていること」が重要**なのです。

　ですので、流行りのデザインを取り入れる必要はまったくありません。あくまで、流行りは誰かがつくり出したもので、一過性であることが多いのですから。

　流行りを追うよりは、ユーザーの心情をより深く考え、それをデザインに反映するほうが何倍も大切な要素なのです。

なぜWEBサイトの制作費用に、ここまで金額差が出てしまっているのか？
──サイト制作会社を選ぶコツ

　個人でサイト制作を請け負う方々が年々増加した結果、個人で請け負う人と制作会社の見積り金額の差は開く一方です。

　個人でデザインをされている方でも、優秀な方はたくさんいらっしゃいますが、デザイン力に乏しい方が多いのもまた事実です。

　その場合、当然高い金額にはできないので、安い金額を提示することも多くあります。

　そういう事情から、見積りをとっても、金額がバラバラになってしまうのです。

　ちなみに、金額が安く、制作実績も申し分ない場合もあるでしょう。

　しかし、制作実績はお見合い写真のようなものです。一番良いも

のを見せるに決まっています。

　だから、**制作実績だけで判断するのは危険**です。

　高いほうが良いとは限りませんが、安すぎるというのも問題です。

　制作会社を決めるときは、金額・品質・対応力など複数の観点から判断することをおすすめします。

▶ 広告をかけても売上が上がらない
　サイトに共通する理由

　広告をかけても売上が上がらないという場合、問題点は２つです。

　１つ目は、「**広告のかけ方が悪い**」という問題です。

　広告のかけ方が悪ければ、広告からの流入数も少ないので、当然売上が上がることはないでしょう。

　もう１つは、「**広告から流入はしているが、結果として売上やお問い合わせに結びついていない**」という問題です。

　この場合、多くは以下の問題が解決されていないことが原因です。

①広告での訴求とサイトの訴求がマッチしていない。

②広告から流入したユーザーの心理を理解できていないので、取りこぼしている。

　まず①について解説します。

　広告で訴求した内容とサイトの訴求内容がマッチしていないとは、どういうことかと言うと、大きく分けて、「広告とサイト内の謳い文句が違う」「デザインの印象が違う」、もしくはその両方と考えていいでしょう。

　例えば、「20代女性に大人気！」というバナー広告を出したとします。そのバナーをクリックして表示されるサイトのメインビジュアルに「年配の女性」が写っていたら、どう思うでしょうか？
「そんなこと、するわけはない」と思った人も多いでしょう。

　しかし、程度の差こそあれ、広告運用がうまくいっていないサイトには、このようなミスマッチが起きています。

　ではなぜ、そのようなミスマッチが起きるか？

　サイトをつくったデザイナーと広告をつくったデザイナーが違ったり、サイトのメインとなる訴求内容を理解できていないので、デザイナーにそれを共有できず、ミスマッチが起きていたり……。そもそも思いつきだったり……。

　このようなさまざまな要因がありますが、結局のところ、②にあるように、ユーザー心理を理解していないことが根本的な原因です。

「ユーザーがその広告を見たら、どう思うのか」という視点を持っていれば、ミスマッチが起きる確率はぐんと下がります。

　しかし、その視点を持たずに、ただ「上司に言われたから」「なんとなくそのほうが良かったから」「個人的に好きだから」という安易な考えで、いろんな広告に手を出すから、結果が出ないのです。

　つまり、**クオリティを気にする前に、ユーザー心理を考えるほうが、結果は出やすい**のです。

　そして、その視点があるのであれば、少々クオリティが低いバナーであったとしても、効果は出るはずです。

　耳の痛い話だと思いますが、せっかく広告にお金をかけても流入がない、流入してもらっていても、サイト内で取りこぼしてしまっているのは、完全にお金のムダです。

　広告をかけても売上が上がらないと感じている場合、このような

問題がないかをもう一度確認してみることから始めてみてください。

　ところで、ここで、もう1つ重要な点をお伝えしたいことがあります。
　それは、「**売上以外の目標が非常に大事だ**」ということです。
　そして、

**売上以外の目標を持っていないため、
ホームページに価値を見いだせない**

のです。

　売上を上げられなかったとしても、サイトを見て、取引先がとても信頼してくれるようになったとしたら、それはサイトがある意義であり、サイトの存在価値なのです。
　サイトでは売上を上げなくても、信用を勝ち取れるのであれば、OKという判断もありです。
　ですので、**売上ばかりに気を取られることなく、サイトの価値をもう一度考えてみてください。**

　ここまでの話で、「ユーザー心理を考えることが、売上を上げる」という話をしてきて矛盾しているようですが、売上ばかりを気にしてしまうと、結果的に「売上が上がらない」＝「価値がない」と判断してしまいがちで、その発想は非常に危険です。
　というのも、サイトを改善しても、すぐには結果が出ないからです。
　例えば、ダイエットでも同じですよね。何かのダイエット方法を試しても、その日に痩せるわけではないでしょう。私はダイエット

で成功した経験がありますが、当然その日にいきなり痩せたわけではありません。ある程度、時間をかけ積み上げたあとに、痩せるという結果が手に入るわけです。

サイトもまさに同じです。

改善してすぐに結果が出ることはなく、改善を積み重ねてようやく効果が出るのです。

結果が出ないからすぐにあきらめてしまうのは、流行りのダイエット方法に飛びついて、すぐに痩せないからという理由でやめてしまうのと同じです。

もちろん、ダイエット方法が間違っている場合もあります。

しかし、**一定の積み重ねもなく、間違っているかどうかは判断できません。**

間違っていると判断できるまで、まずは対策を実行し続けてみてください。そのくらいの時間と労力はかけても、結果として最短距離で進んでいるはずですから。

▶ このプランだけ提案してくる ホームページ制作会社には、ご用心！

本書の別の章でもお話しすることになりますが、できないホームページ制作会社にサイト制作を依頼すると、どうなるのでしょうか？

結果、何も生まれないと思ってください。

「何も」というのは、「売上」も「ブランディング」も、です。

なぜなら、できないホームページ制作会社は、サイトをつくることがゴールであり、その後のことは、ほとんど意識していないからです。

そのような制作会社に共通するのは、「テンプレートを使用したプラン」だけで提案してくることです。

　テンプレートを使用すること自体が悪いのではなく、どのような要望があったとしても、テンプレートに当てはめようとすること、多少カスタマイズ可能だとしても、テンプレートがベースにあるので、融通が利かない、結果、望んだサイトとは違うものができあがるという負のサイクルにはまってしまいます。

　テンプレートのみのプランしかない場合は、そのようなリスクがあることを理解しておいて損はないと思います。

▶ 社内満足度を追求しすぎると、誰も得をしないホームページになる

　「社内満足度を追求しすぎる」とは、サイト制作においてよくある話です。

　絶対に忘れてはいけないのは、サイトをつくる上で、**満足させるべきは、社内の人間ではなく、ユーザー**のはずです。

　ところが、それを忘れて、当初からサイト制作にかかわっていない社内の人間に意見を聞いて、まわりの否定的な意見を拾い上げ、大量の修正依頼を制作会社に投げる。

　こうなってしまうと、修正されて社内の否定的な意見はなくなり、社内での満足度は上がるかもしれませんが、肝心なサイトの当初の目的やコンセプトからは完全にブレてしまい、ユーザーにとっては非常に使い勝手の悪いサイトになってしまうでしょう。

　この手の話で私がよくたとえ話をするのが、家を建てるときの話です。

　家を建てるときに、設計が完了し、工事をスタートしたあとに、

何かを変更しようとしても現実的にできないことが多いのはおわかりいただけると思います。

　せっかくできかけていた内装を変えたり、間取りを変えたら、工事費が追加になるのは目に見えてますし、納期も遅れるのは素人でも予想できます。

　それはWEBサイトでもまったく同じなんです。

　家の間取り変更のように、目の前で一度壊してつくり直す作業を見るわけではないので、リアルには感じないかもしれません。しかし、程度の差こそあれ、WEBサイトも同じなのです。

　設計完了し、デザインも終わろうとしているときに変更するのは、制作会社としては大変骨が折れる作業です。

「修正をしてはいけない」と言っているのではなく、それぞれの工程での確認をしっかり行なうこと、そして、社内の意見を聞くなら、はじめのうちに聞いておくこと。

　それがとても大事です。

　その手順を踏んでおけば、無用な社内満足を求めず、ユーザーが満足してくれるサイトができるでしょう。

　さらに付け加えるとしたら、ユーザーが満足できるサイトをつくれる制作会社を選定し、一緒につくり上げていくことを忘れてはいけません。

▶ すべての人に向けたサイトだと、お客様は不安を感じる

　すべての人に向けたサイト——。

　WEBサイトの理想とする形ですよね。

しかし、そんなサイトは絶対にありえません。

仮にすべての人に向けたサイトができたとしても、それは企業側が向けたと感じているだけで、お客様が、自分に向けられていないと感じてしまえば、すべての人に向けたサイトにはならないのです。

それほどユーザー心理は複雑で、誤解を恐れずに言えば、それだけユーザーはわがままなのです。

ですので、**すべての人に向けたサイトは、不老不死の薬を開発しようとしているようなもの**だと思って、潔くあきらめてください。

「何でもできます」「誰でも効果があります」というのは、まさに不老不死の薬を売っているようなもので、お客様は逆に怪しく思い、不安を感じてしまいます。

それよりも、

「自社の商品やサービスを気に入ってくれる人は、どんな人なのか？」

「その人たちの不満や心配事は何か？」

を徹底的に考え、ターゲットになるユーザーを絞り込み、寄り添っていくほうが圧倒的に結果が出やすくなります。

すべての人に向けず、絞り込んだユーザーに向けて、発信していく。それを忘れないようにサイトをつくることが何よりも重要です。

▶ 担当者が多すぎると、担当者の達成感は上がり、お客様には嫌がられるサイトが完成する

これは、社内満足度を追求しすぎると、誰も得をしないホームページになることとも関連する話です。

担当者が多ければいいかというと、そうではありません。担当者

が多い場合、意見もそれだけの数になることがよくあります。

　そうすると、それぞれが満足する形になるようにサイト制作が進行してしまい、また、事あるごとにいろんな意見が出て、結果として継ぎ接ぎだらけの使い勝手の悪いサイトになりがちです。

「意見をまとめればいいのでは？」と思われるかもしれませんが、実際、そう簡単に意見はまとまらず、いったんまとまったと思っても、不満を残したままになっているので、最後の最後で社内の意見調整が入り、大幅な修正なんてことも珍しくありません。

　この一連の流れでは、担当者自身は、自分の意見が通り、満足するかもしれませんが、お客様にとっては使い勝手が悪く、嫌がられるサイトになってしまいます。

　どうしても担当者が多くなる場合は、その担当者の中に、決済権を持つ人を加えることをおすすめします。

▶ コンテンツは、思いついた順番に配置するものではない

　サイトに掲載するコンテンツは、どのような順番に配置していますか？

　売上が上がらないと悩むサイトのほとんどは、コンテンツの配置順に根拠がありません。

　例えば、よくある例は、たくさん更新するからという理由で、メインビジュアルのすぐ下にニュースを配置してあるサイト。

　たくさん更新するのはいいことなのですが、「そのニュースはお客様が本当に見たいものなのか」をきちんと考えておかなくてはいけません。

　初めてのサイトを訪れるお客様にもそのニュースが非常に重要な

内容なのであれば、それでいいのですが、初めてのサイトを訪れる方には、まずはサービス内容を知ってほしいという場合、ニュースがメインビジュアルの下にあることの意味はなくなります。

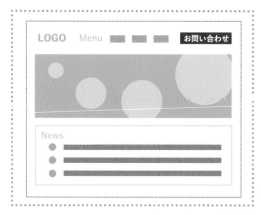

メインビジュアルのすぐ下にニュースがある。

それ以外にも、「他社がそのようにしていたので」といった理由で、何の根拠もなく配置されているサイトもよく見かけます。

このように、思いついた順にコンテンツを配置しても、お客様が見たいという情報の順番とマッチしていなければ、お客様はどう思うでしょうか？

きっと「私の探している情報は、どこにあるのかな？」と思うことでしょう。

これは非常にもったいない状態になっていて、離脱してしまう可能性が高くなります。

コンテンツは、あくまで**「お客様が見たい」と思う順番に配置する**のが正解です。

では、お客様が見たい順番はどうやってわかるのか？

それは、このあと詳しく解説していきますが、お客様の心理がわかれば、皆さんのお客様が見たい情報の順番もおのずと見えてくるはずです。

▶ 社長の直感的かつ余計なひと言
「やっぱりこの色、嫌だ！」を覆すのに一番必要なもの

これは、別にデザインに限った話ではないですよね。

注目ポイントは、「やっぱり」というキーワードです。

せっかく今まで苦労してつくり上げて、しかも社長は一度ＯＫを出しているにもかかわらず、最後の最後でちゃぶ台返しをされてしまったら、当然サイトの公開も遅れ、商機を逃してしまいます。

しかし、よく考えていただきたいのは、なぜそのように言い出すのかという点です。

その理由の１つは、**「理屈がないから」**です。

結局のところ、「やっぱりこの色、嫌だ！」と言い出されたとしても、この色であるべき理由が明確になっていて、その理由が最終的には売上に関係してくることをきちんと理解してもらえるだけの理屈があれば、社長の直感的なちゃぶ台返しを元に戻すこともできたかもしれません。

経営者は、多かれ少なかれ、そのように直感的な判断を下すことがあります。

しかし、売上に関係してくる内容であるときちんと理解できれば、その判断が間違っていたと感じてくれるはずです。

今の話は極端な例ではありますが、きちんと理屈を持つこと。

その理屈は、主観的な内容ではなく、お客様のことを考えての理屈であること。

それがあれば、リニューアル時によくあるこのようなネガティブな状態も恐れることがなくなります。

▶ 要件の後出しジャンケンが売れるデザインを崩す

　要件の後出しジャンケンは、制作会社にとってみれば、本当に手間がかかります。誤解を恐れずに言うと、正直言ってやめてほしいことです。

　ただ、後出しジャンケンになってしまう気持ちもよくわかります。なぜなら、デザイン制作のプロではないから。

　進行していく中で「これも必要だったな」となるのは、当たり前のことです。

　ただ、それを押しするぎるのはよくありません。

　注文する側にしてみれば、些細な内容であっても、修正する側の制作会社にとっては、それ相当の工数がかかることがあるからです。

　ですので、後出しジャンケンになってしまった場合は、しっかりと話し合うことをおすすめします。

**それがないことによるリスクは、どれくらいなのか？
売上に直結する内容なのか？**

　このような視点から、**優先順位を決める**ことが大切です。

　そして何よりも、後出しジャンケンがないように、制作初期段階に綿密な設計をする。

　これが一番大切です。

▶ 制作会社にやらせるか？　一緒にやるか？

　先ほどの後出しジャンケンになる理由は、実はこの点に関係してきます。「制作会社にやらせる」という姿勢では、決して良いサイト

はできあがりません。

　そもそもビジネスなのですから、WIN-WINの関係が基本です。「やらせる」という姿勢になってしまうと、制作会社がきちんと要望を理解できているかどうかの確認も適当になりがちです。

　そうなってくると、あとで重要な要件が抜けていることに気がつき、先ほどの話のような後出しジャンケン的な修正がたくさん出てきてしまいます。

　サイトは、制作会社だけでつくるのではなく、発注側と制作会社が一緒につくっていくものです。

　発注側は、その商品に一番詳しいプロであり、制作会社は、サイト制作のプロです。

　お互いの専門的な知見を交えて意見交換しながらでなければ、良いものはできあがりません。

　もし「今まで、制作会社にやらせていたなぁ」と感じた場合は、ぜひ今度は「一緒につくる」という意識を持ってみてください。

　それは特に難しいことではなく、**「今回こうしようと思うけれど、どう思いますか？　意見をください」**と言うことです。

　それだけで、今までとは違うアイデアが出てくる可能性も十分にあります。

　物事は、ほんの些細なことが大きな変化を生むものです。

　ぜひ考え方を少し変えてみてください。

　そうすることで発注側（商品のプロ）、制作会社（サイト制作のプロ）というそれぞれのプロによる化学反応が起こり、「売れる」サイトが完成するはずです。

第2章

売上はデザインが9割
──すべての答えはユーザー心理への
逆算式アプローチ

色次第で、売上格差10倍 —— 配色が及ぼす心理的効果

　皆さんは、サイトをデザインするとき、また制作会社にどんな色が良いかを聞かれたとき、どのように色を決めますか？

「なんとなく、良さそうだから」
「かっこいいから」「かわいいから」
「専門的なことはわからないが、一番しっくりくる」

　といった理由で決めていませんか？

　もし今まで「なんとなく」という感覚で決めていたのであれば、今後はいっさいやめましょう。

　なぜなら、**配色が及ぼす効果は絶大で、売上を大きく左右すると言っても過言ではない**からです。

　結論として、「配色は感覚で決めるものではない」ということです。

　そして、「配色を決めるためには、配色を決めてはいけない」ということを、まずは理解してください。

▶ 色を決める前に決めるべきこと

　何を言っているのかという感じになってきたかと思いますので、整理してお話しします。

　おおよそ「色」には、その色から連想される言葉があります。

　つまり、**色と言葉は、密接な関係にある**のです。

　初めに色を決めてしまうと、どうしても決めた色の正当性を主張するために言葉を使用しがちになってしまうのです。

　では、配色を決めるためには、配色を決めてはいけないのなら、何から決めればいいのでしょうか？

　それは、**「キーワード」**です。

　本来、サイトをつくる際は、そのサイト上で発信したいキーワードがあるものです。

　つまり、**「そのキーワードに親和性の高い色を選んでいく」**という工程が正解なのです。

　さらに大切なのは、**キーワードは1つに絞り込まない**こと。

　というのも、伝えたいキーワードは、そもそも1つに絞り込むことが難しいものだからです。

ここで例題を出します。

例題1

あなたが高価な商品を売っているとします。その商品は高価なのですが、他社にはない魅力のある業界でも珍しい商品だとします。どのようなキーワードをサイトで表現したいでしょうか？
サイトのキーワードということが難しい場合、どのようなキーワードを使ってプレゼンをするのかを考えてみてください。

　この例の場合、

「高価な商品なので『高級感』を出して、さらに他にない商品なので『先進的な』イメージも表現したい。その上で、それくらい高価で他社優位性がある商品を扱う会社としての『信頼感』も表現したい」

　となりませんか？

　こうなることはありうる話ですし、それが普通なのです。

では、この例を逆に色から考えると、どうなるでしょうか？

今、あなたの頭の中で「色から考える？」ってなりませんでしたか？

そうなのです。

言葉（キーワード）があるから色が決められるのであって、色から決めていくのは、とても違和感を感じるでしょう。

この違和感こそが、「配色を決めるためには、配色を決めてはいけない」理由なのです。

ではもう一度、ここで、先ほどの例題に戻って、さらに深堀りしてみましょう。

例題 2

「高級感」「先進的な」「信頼感」というキーワードを訴求したいので、配色を考えてみてください。どのような配色が良いでしょうか？

このような質問をされると、頭の中で「色」のイメージが具体的に湧いてくるのではないでしょうか。

そして、その色は、「高級感」「先進的な」「信頼感」をすべて網羅しているわけではないでしょう。

ですので、複数の色を組み合わせる「配色」が重要になってきます。色の組み合わせによって、「高級感」「先進的な」「信頼感」を表現できるようにぜひ考えてみてください。

実際、私もお客様のサイトをこの論理で配色を変更し、実際に売上が10倍になったケースもあります。

「配色なんて」と思わずに、ぜひ実践してみてください。

▶ クリックされやすい色は、 存在するのか？

　配色について、もう1つお伝えしておきたい話があります。

　それは、「クリックされやすい色は存在するのか？」という命題です。

　その昔、「クリックされやすい色＝赤」と言われていたことがありました。

　しかし、今までの私の経験値から考えると、この説は絶対的な法則ではないと思っています。

　なぜなら、そのクリックエリアを見る前にたくさん目にしていた色も深く関係するからです。

　例えば、次の図をご覧ください。

赤系のサイトに
赤いボタンが配
置された例。

　このように、赤系のサイトを見ている最中に、あまり色に変化がない赤いボタンを見ても、目立ちませんよね？

　これとは逆に、

同じボタンでも
周囲との関係で
目立つように。

　このような配色でボタンが置いてあるほうが、よほど目立って、クリックしやすくないですか？

　もちろん、こういう色合いだと、赤いボタンでもクリックしやすいですよね。

　つまり、何が言いたいかというと、**「赤いボタン＝クリックされやすい」は、すべてに応用することはできない**ということです。

　その説を盲目的に信じてしまうのだけは、やめてください。

　その説自体がご自身のサイトでも通用するのかは、しっかり検証してくださいと申し上げたいのです。

　何から何まで教科書どおりというのは、もう通用しなくなっているのです。

余白最強説──余白がつくる「お問い合わせ14倍効果」の秘密

　皆さん、「余白」は意識していますか？

　プレゼン資料をつくるにしても、制作会社がつくったデザイン案

を見るときにしても、あまり意識していない方が多いのではないでしょうか?

実は、この余白、とても大事なのです。

なぜなら、**余白次第で印象が変わり、お問い合わせや売上にも影響を及ぼす**からです。

ちなみに、実際の例で言えば、その業界内で有名な企業のサイトリニューアルをした際に、リニューアル前よりもかなり余白をもたせたデザインにしました。

なぜなら、その企業は、「業界でのシェア率が高い＝質の良いサービスを提供している」ということから、余白を十分にとり、コンテンツを詰めすぎることなく、レイアウトしました。

そうすることで、情報の価値を正しく伝えることができ、さらに企業全体の印象も良くなり、リニューアル前と比較して、14倍のお問い合わせを獲得することができました。

そのように、私は配色をするときに、どの程度、余白（何もコンテンツのないエリア）を設けるのかを常に考えています。

つまり、**余白もデザインなのです。**この言葉はとても大切なので、覚えておいてください。

▶「空間による印象操作」と「余白」の共通点

なぜ、そこまで余白にこだわるのか?

店舗のディスプレイを思い出してもらえるとわかりやすいでしょう。

例えば、高級ブランドでは、バッグを大きなテーブルに1つだけディスプレイしています。

かたや、量販店など安さを売りにしているお店では、同じくらいのテーブルに、いくつもバッグが置いてあります。

大きなテーブルに1つだけ商品を置いたときの印象。

　上のイラストのように空間を十分にゆとりをもって使用することで、高級感が生まれ、ユーザーは、自然とこの商品は高くて高級なんだと思います。

　逆に、下のイラストのように同じ空間サイズでも、ものをギチギチに置いてしまうと、商品自体は高かったとしても、ありがたみも感じないし、高くて高級なんだとは思えないものです。

同じテーブルにたくさんの商品を置いたときの印象。

　このディスプレイで言うところの**「空間による印象操作」**は、WEBサイトの余白も同じです。

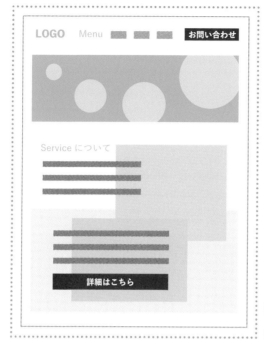

同じ情報でも余白をとると、印象が変わる。

　十分なエリアの中に、余白をとってコンテンツを配置すると、質の良い情報、価値のある商品と印象づけられますが、逆に、コンテンツの中にギチギチに情報を入れてしまうと、その情報や商品が安っぽい印象になり、価値を伝えることができません。

　こういう話をすると、「じゃあ、うちのサイトもたっぷり余白をとったデザインにします」と言う人がいるのですが、ちょっと待ってください。

　当然、どのように余白を使うかは、扱うものによりますので、**やたらと余白をとればいいということではない**のです。

　そこを注意しながら、ご自身のサイトなどを見返してみてください。

左脳派デザイナーの時代
──売れるデザインができるのは、アーティストではなく、
問題解決に導くデザイナー

ここまでの内容をお読みいただき、お気づきの方もいらっしゃるかと思いますが、これからの時代で重要なのは、直感ではなく、左脳を駆使した**「論理的思考からもたらされるデザイン」**なのです。

単に「デザイナーが良いと思ったから」という理由で売れるような時代は終わりました。

インターネットで買い物をする、サイトを検索することが当たり前になり、ユーザーも経験や知識が備わっています。

だから、より良い結果を出そうとしたら、「どうしたらユーザーに商品を買ってもらえるか」を考える必要があるわけです。

その「考える」という作業は、「直感で思いつく」のではなく、「論理的に考える」ということです。

繰り返しになりますが、売れるWEBサイトデザインをつくり上げていくには、**右脳偏重の直感的なデザインではなく、左脳を駆使し、論理的に考えてデザイン**することが求められます。

そもそもの話ですが、デザインには、問題解決の力があります。

ですので、**「デザイナーとは、問題解決をする人」**であるべきなのです。問題解決にあたる人が、直感だけを頼りにするのは、そもそも間違っていると私は考えています。

ちなみに、デザイナーでよくいるのが、「私が良いと思ったから良いんです！」と言う方。その思考は、デザイナーではなく、アーティストです。

自己を貫きたかったらアーティストになるべきで、デザイナーになるのは間違っています。

　アーティストではなく、デザイナーであるのであれば、自己を貫くのではなく、どうすればクライアントの問題を解決できるかを考えなくてはいけません。

　その解決にあたり自己主張が邪魔になるのであれば、時として柔軟性も必要です。

　くれぐれも、自己主張しすぎず、問題解決のために論理的に考えることを忘れないでほしいと思います。

ホームページ制作の定石は無視せよ
──セオリー無視でアクセス100倍効果

　ここでは、ホームページ制作の定石、いわゆる当たり前のこと、つまり、セオリーについてお話ししたいと思います。

　皆さんもいくつか思いつくことがあるのではないでしょうか？

◎赤いボタンのほうがクリック率が高い。※これは、先に否定しましたね。

◎ロゴは、左上に置く。

◎ユーザーがサイトを見るときは、ＺやＦの文字のように視線を動かす。

◎メインビジュアルの高さは抑えて、下のコンテンツを少し見せたほうがスクロールされやすい。

◎メインビジュアルを開いて、3秒ほどで判断し離脱する。

◎ボタンは、ボタンとわかるようにデザインする。

　などなど。

　私がデザインを始めた15年ほど前は、このようなことが当た

前で、それに従うのが良しとされてきました。

　しかし、先ほど挙げたもののいくつかはすでにセオリーとは言わなくなってきたので、何を言いたいかはご理解いただけると思いますが、結局、セオリーに則ってデザインするかどうかは、ケースバイケースなのです。

　むしろ、**セオリーに縛られすぎるのであれば、いっそのことセオリーなんて知らなくてもいい**とさえ思います。

　ここで、もう少しわかりやすいように私がかかわらせていただいた具体的な事例を交えながら解説します。

　オンラインショッピングサイトでは、「買い物かごの近くに電話番号を掲載しないほうが良い」と言われることがよくあります。

　なぜなら、せっかくオンラインでの効率化を図っているのに、電話されたら、効率化にならないからです。

　しかし、あるサイトでは、そのセオリーを無視して、**買い物かごの近くに電話番号を掲載**しました。

セオリーを無視し、
買い物かご上部に
電話番号配置。

　理由は、そのお店では一点ものの商品を多く扱っており、どうしても欲しいというユーザーにとっては、「買い物かごに入れて、カード情報を入れて……」という手間も惜しいと感じてしまうと予想

できたからです。

　すると、どうでしょう。

　売上をアップさせることができました。実は、「カード情報を入れて……」という手間も惜しいと感じると同時に、「その間に他の人に買われたらどうしよう」という気持ちになることを予測したことが最大のポイントです。どうしても欲しいという商品を見つけるときのうれしさと同時に起こる感情の変化を見逃さなかったということですね。しかも不思議なことに、店舗に電話をして購入する方も、オンラインショップ上で購入する方も、両方増えたのです。

　当然、運営しているお店の方々の努力があってのものなので、すべてがこの戦略のおかげではありません。

　しかし、**きちんとした根拠があるのであれば、セオリーを無視することはとても重要なことである**と実感した案件でした。

　もし「セオリーに縛られてしまっているな」と感じることがあれば、一度、「本当にユーザーのためになるのか」という視点で考えてみてください。そのときに、セオリーが取るに足りないことだと気がつくと思います。

個人情報ですら自然に書きたくなる
──会員登録エスコートメソッド

　会員登録をしてもらうことは、ネットショップなどにとっては、とても重要なことです。

　しかし、そう簡単に会員登録をしてくれません。

　どこのサイトでも、会員登録を促され、**「会員登録すると、何かがもらえる」**という誘導にユーザーは慣れきっています。

「会員登録したらたくさんメルマガが届くから、嫌だな」と思い、会員登録しないケースは、私にもよくあります。

「だから、会員登録してもらうのは難しいですよ！」というネガティブな話をするつもりではなく、考え方を変えると、意外と登録してもらえることをお伝えしようと思います。

人は、「自分がそうしたい」と思ったら、手間を惜しむことなく実行します。その心理を踏まえて会員登録へ誘導すればいいのです。

具体例があるほうがわかりやすいと思いますので、あるオンラインショッピングサイトのリニューアルの際に実際に結果が出た方策を紹介します。

まず商品を購入する前は、どの商品にしようかなと考えますよね？

そこで気に入った商品を見失わないように「お気に入り」に保存できる機能をつけているサイトをよく見かけます。

まぁ、ここまではよくある話で、これだけで会員登録が増えることはあまりないでしょう。ですので、ここからもうひと工夫します。

PCでお気に入り登録した商品を、移動中の電車でスマホで見ようとすることもありますよね。

そのとき、デバイスが違うので、PCとスマホでお気に入り商品を連動することはできません。すると、せっかく「お気に入り」に登録して、さっと見ようと思ったものが見られないわけです。またイチから探すことになるのは面倒に思うので、スマホですぐに見れたらいいのにと思うわけです。

その状態になっているときに、**「会員登録してもらえれば、お気に入り商品の情報をPCとスマホで共有できますよ！」**という誘導をします。

無理強いせず会員
登録を促す。

　すると、どうでしょう。

　先ほどお伝えしたように、お客様は移動中のスマホでも見たい。とすると、毎回探すのは面倒なので、会員登録してくれるというわけです。

　「そんな単純なこと!?」と思うかもしれませんが、そんな単純なことにも気がついていないので、会員登録が増えないのです。

　しかも、この方法は決して無理強いしているわけでもなく、ニンジンをぶら下げて誘導しているわけでもありません。**ユーザーにとって、「このほうがいい！」と思えるような仕掛け**をしたにすぎません。

　そう思えるように、ちょっとしたエスコートをしてあげるだけで、意外なほど会員登録数は増えるものなのです。

煩悩欲望万歳！
──恋に落ちる過程を再現する「ラブコミュニケーションデザイン」

　恋に落ちる──。

　その理由は人それぞれだと思いますが、その１つに**「この人、私のこと、わかってる」**と感じることが重要だと思いませんか？

WEBサイトでも同じで、「このサイトは、私のこと、わかってる！」
と思ってもらえれば、購入したり、問い合わせをしてもらえる確率
はぐんと上がります。

なぜか？

自分のことを理解してくれない人から、何か買ったりすることは
ないからです。だから、「私のこと、わかってる！」と思われるよう
な仕掛けをすることはとても大切なのです。

**ただし「私のこと、わかってる！」といきなり思うことはあまり
ありません。徐々に徐々にそう「感じる」ものです。**

つまり、流れとしては、次のようになります。

---

❶こんな悩みありますよね？

❷今までいろんなことを試してきましたよね？

❸ホント大変だったと思います。

❹「ココも同じかな」なんて思っていますよね。

❺けれど、「同じかな」と思いつつも、またあきらめつつも、この
　サイトを見に来たということは、まだ何か試せるのではと思っ
　てますよね？　あきらめきれない気持ちがどこかにあるのでは
　ないでしょうか？

❻であれば、試しにこちらを見てください。

❼違いませんでしたか？　今までのものとは違って、○▲なんです！

❽（という話をしたところで、）「そうは言っても・・・」なんて疑っ
　ていますよね？

❾その気持ちわかります。この商品を最終的に購入した方全員が、
　まったく同じ気持ちだったので……。

このような感じで、徐々に心を開いてもらうというか、わかって
いると感じられるように、話を進めていくことが大事なのです。

くれぐれもいきなり「あなたのことをわかってます！　だから、
この商品買ってください！」なんて言ってはいけません。

　それは、まさに「あなたのことをわかってます！　だから僕と付き合ってください！」と言っているようなものなので……。

　あくまで徐々に「この人、私のこと、わかってる」と感じてもらうからこそ、最終的に恋に落ちるのです。

「そんなこと、わかってるよ！」と言う声も聞こえてきそうですが……。結構、「あなたのことをわかってます！　だから、僕と付き合ってください！」的な無謀なアプローチをしているサイトも見かけます。

　自社サイトが「いきなりすぎるアプローチ」をしていないか、もう一度見直してみてください。

デザインへの不満No１は「何となく嫌」
──そうは言わせない「ロジカルデザイン」テクニック

「何となく嫌」……。

　こんなことを言われたら、デザインに限らず、相当凹みますよね。

　一生懸命つくったのに、そのひと言で終わってしまう感じ……。

　しかし、この不満は、結構多いものなのです。

　なぜ多いのかと言うと、デザインの気に入らない箇所を明確に説明できないからです。

　よく考えたら、そうですよね？

　慣れていない人にとっては、「何がどう嫌」なのかを説明できるはずはありません。だから、そのリアクションはごく自然なものなのです。

　それならば、「そう言わせないために、どうしたらいいか」を考えるほうが健全だと思いませんか？

　私が使う手法は、**ロジカルにデザインをする手法**です。

具体的には、次のとおりです。

> ❶まず、デザインをする前に、先にも話したような「キーワード」とそれに関連する「配色」を決めます。
> ❷ライバルサイトを共有します。
> ❸ユーザーがよく見るであろうサイトを共有します（例えば、業界で有名なサイトなど）。
> ❹❷❸のサイトの分析をします（フォントサイズや画像の多さ、配色など）。
> ❺それらを共有して、デザインの方向性を決めます。

こうして1つずつ確認を取りながら、論理的にデザインまでの設計を行なっていきます。

ポイントは、**いきなりデザインを出すのではなく、ライバルサイトやユーザーがよく見ているサイトを共有して、知識を与えて差し上げる**ことです。

何も知識がない状態でデザインを提出されても、どう答えていいかわからないのは当然です。何もベースがないから、「なんとなく」になってしまうのです。

情報や知識を事前に与えた上で、デザインを出すと、たとえ、もしダメだったとしても、

「他のサイトはこうだったけど、なぜそうしなかったの？」
「他のサイトみたいに、ここはこうしてほしい」

といった具体的なダメ出しをしてもらえます。

そうなると、「なぜそうしたのか？」「他のサイトみたいにしなかった理由は▲×だから」など、建設的な話ができるようになります。

相手が無知だから「何となく嫌」と言われると嘆くのではなく、

そうならないように誘導してあげることはとても大事です。

　また、ダメ出しされないことはほぼないわけですから、ダメ出しを恐れないようにするしかありません。

　そのためには、感覚でデザインするのではなく、ロジカルにデザインすることが大事になります。

すれ違いに気づく
──認識のズレを受け入れる「ミスリーディング アクセプト法」

　デザインのみならず、ビジネスのコミュニケーションにおいて、認識のズレを受け入れることはとても大事ですよね。

　しかし、受け入れるためには、そもそもズレに気がついていないといけません。気がついていないのに、受け入れることはできませんから。

「だから、ズレに敏感に気がつくようにしましょう！」という話ではありません。そう簡単に気がつくのであれば、誰も苦労しませんので。

　ここでは、こちら側とユーザー側の間でよく起こりがちな認識のズレを紹介しながら、その対処法を解説していきます。

　では、まずは認識のズレのパターンを挙げてみます。

---

❶ こちらは「実績」を押したいのに、ユーザーはその実績が不安に感じる。

❷ こちらは「安さ」を押したいのに、ユーザーはその安さが不安に感じる。

❸ こちらは「対応スピード」を押したいのに、ユーザーはその対応スピードが不安に感じる。

　以上、代表的なものを３つ挙げました。

おわかりだと思いますが、この例のカギカッコのキーワードを変えれば、いくつでも認識のズレは出てくるはずです。

　今挙げた３つの例を基に、ご自身のサイトもどのような認識のズレがあるかを考えてみてください。

　ここでは、「❶こちらは『実績』を押したいのに、ユーザーはその実績が不安に感じる」という認識のズレへの対処法を取り上げて解説します。

「❶こちらは『実績』を押したいのに、ユーザーはその実績が不安に感じる」をもう少し掘り下げると、例えば次のようになります。

「うちの会社は『対応実績3,000件』もある！　これが訴求ポイントだ」

　この実績数はすばらしいことであり、訴求していけないわけではありません。そこは勘違いしないようにしてください。むしろ、訴求したほうがいいのです。

　では、「対応実績3,000件」で、なぜユーザーに不安を感じさせているのかという点を掘り下げてみます。

「3,000件」という数字を見たときに、ユーザーは、「3,000件もあるんだ！　すごいな！　だけど、そんな実績があるところが、うちみたいな小さな仕事、受けてくれるかな？　心配だな……」

　このように受け取り、感じる可能性があります。

　このように押したい内容が正当な情報であったとしても、ユーザーは不安を感じてしまうのです。

　では、どうすればいいのか？

　そんなに不安になるぐらいなら、「3,000件」と書かないほうがい

いのか？

　それは違います。

　答えは、**「見せるタイミング」を変えればいい**のです。

「対応実績3,000件」という文言は、得てしてメインビジュアルなどに入れがちです。そうなると、サイトを見た瞬間から、ユーザーに不安を感じさせてしまいます。だから、見せるタイミングを変えるのです。

　例えば、**メインビジュアルではなく、実績のページの中に入れるなど、相手がその実績を見たときに、「すごいな！　頼んでみようかな」と思えるタイミングで見せるように変える**だけです。

　たったそれだけで、同じ情報なのに、ユーザーの受ける印象は大きく変わります。

　実績を大々的に謳っていても、結果が出ない……。そんな悩みをお持ちの方は、ぜひ見せるタイミングを変えてみてください。

すべてをWEBに掲載しない
——売上をV字回復させた「引き算デザイン」

「すべてを掲載しない」なんてことを書くと、どうしても反発を受けてしまうので、書くかどうか迷ったのですが、とても大切なことなので、書くことにしました。

　WEB上に掲載するコンテンツは、どれだけ増やしても問題はありません。しかし、あなたの自社サイトでも、厳密にはすべてを載せていないのではないかと思います。

「この内容は専門的すぎるから、お問い合わせいただいた方にのみ説明しよう」
「ここはなくても問題ないから、掲載しないようにしよう」

など、理由はさまざまだと思いますが、すべてを掲載していない
ことはよくあるはずです。

　それを応用したのが、今回の話です。

　心理学では**「ツァイガルニク効果」**とも呼ばれ、続きが気になる
心理を活用した手法です。

　このような効果の名前を出すと、「あー、知ってるよ」となるので、
あまり出したくないのですが、私がここで出す例は、よくあるツァ
イガルニク効果を、ひと工夫もふた工夫もしたものです。ですので、
よーく読み進めてくださいね。

　とある店舗のサイト制作での話です。

　店舗のサイトでよくあるのは、店舗の電話番号を明記し、その下
に営業時間を書くパターン。

　しかし、私は、**電話番号の下に営業時間を書きませんでした。**

営業時間をあえて書
かないのも、理由や
狙いがあればOK。

　その結果、お問い合わせが増えたのです。

　なぜなのか、わかりますか？

　答えはとてもシンプルです。

　電話番号の下に営業時間がないことで、**「今日は何時まで営業し
ていますか？」というお問い合わせが増えた**のです。

　それを見越して、営業時間をあえて掲載しませんでした。

　ここまでの話で「なんだよ、お問い合わせが増えただけか」と思

うかもしれませんが、ちゃんと売上も上がったのです。

　なぜなら、その店舗のスタッフの方は非常に対応力があり、電話でお問い合わせしてきたお客様をちゃんと来店まで誘導できることが、サイト制作の前にわかっていたからです。

　しかも、そもそも**「今日は何時まで営業していますか」というお問い合わせをする方は、行くことを前提にしているケースがほとん**どです。

　そのように、行く前提のユーザーに丁寧な対応が加わり、来店が増えたというわけです。

　シンプルだけど、すべてを掲載しないことで売上が改善した例です。

　あなたも聞いたことがあるであろう、ツァイガルニク効果。知っているだけできちんと使えていますか？

　ありがちな「続きはこちら」では、今の時代、もう古いのです。しっかり効果を最大化する工夫をしたいものですね。

お客様の「裏の顔」にひっそりと寄り添う「ひと言」
──ブラックインサイトマーケティング

「稼ぎたい」「痩せたい」「キレイになりたい」という思いを持っている人は多くいます。

　そして、さらに深堀りすると、そういう思いの裏には、「楽して稼ぎたい」「簡単に痩せたい」「手っ取り早くキレイになりたい」という、欲望も隠れているものです。

　本当にそれができるのであれば、「楽して稼ぎたい」にNOを言う人は少ないでしょう。

　当然、騙すようなことをしてはいけませんので、ここでは、騙す

ような広告の出し方を解説するのではありません。

　ただ、真っ当な商品やサービスであれば、「今よりも」楽して稼ぐことができたり、「今よりも」簡単に痩せることができたりするのは、不可能ではないはずです。

　もうおわかりになりましたか？

　いきなり「楽して稼ぐ」を押しても、本当にできるかが信じられないし、そんな話はなにか怪しく聞こえるから手を出さないのですが、「今よりも」とひと言添えるだけで、かなり印象が変わってきませんか？

　そうなんです。

　要するに、なんの説明もなく、いきなり「楽して稼ぎたいですよね！　これを買えば可能です！」なんて言われたら、そもそも本当にできるかどうか信じられないし、ドン引きしてしまうわけです。それは、先にもお話ししたように出会ってすぐに、「あなたのことをわかってます！　だから僕と付き合ってください！」と言っているようなものです。

　そんなことをしても、うまくいくはずはありません。

　ただ、**「今よりも」**というひと言を添え、「今よりも楽して稼ぐ」と変えるだけで、実はみんなが持っている「楽して」という普段見せない裏の顔（欲求）に寄り添え、良い結果をもたらすのです。

　これと似た話で私がよく使うのは、**「あの〇〇」**という表現です。

　ちなみに、「あの〇〇」という言葉を聞いて、どのような印象を持ちますか？

「きっと“あの”というくらいだから、どこかで有名なんだろう」という印象を受けませんでしたか？

　その印象こそが非常に大事で、「あの」という言葉を付け足すだけで、ユーザーは、勝手に「どこかで有名なんだろう」「それを知らな

いのは私だけなのかな」と思ってくれるのです。

　特に、マーケティング上のアーリーアダプターと言われる人向け
の訴求には効果があります。

　アーリーアダプターとは、新商品を買うために徹夜して並ぶよう
な人のことを指します。

　このアーリーアダプターにとって、新商品を手にすることは喜び
であり、その情報を持っていることもまた喜びなのです。

　その人が「あの○○」という表現を見たら「それを知らないのは
私だけなのかな……、まずい」と思ってくれるので、手にとってい
ただきやすくなるわけです。

　このように、**たったひと言付け足すだけで、印象が変わり、結果、
商品が売れたり、お問い合わせが増えたりする**のです。

　皆さんも、普段使用している言葉がどんな印象を与えるのか、も
う一度考えてみてください。

第**3**章

売上10倍を当たり前にする
WEBデザインの法則
──顧客心理逆算式デザインの法則

今までのペルソナに命を吹き込む
——ペルソナ設計新メソッド「ピョン吉」の法則

　皆さん、「ペルソナ」という言葉をお聞きになったことはありますか？

　最近では、マーケティングを行なったりWEBサイトをつくる際に、「ペルソナを設定したほうがいい」ということがよく言われるので、ご存じの方も多いと思います。

　ではここで本書ならではのお話をしていきます。まずは、一般的な「ペルソナとは何か？」について。

　いわゆる一般的なペルソナとは、

「あなたが提供するサービスや商品にとって、重要な象徴的なユーザー像」

のことです。

　多くの方がご存じだと思うのですが、「本当の意味を1分で説明してみて」と聞かれてすぐに答えられる人は、意外と少ないのではないでしょうか。おそらくネットで知った言葉だけが独り歩きしているかもしれません。

　言葉を知っていると、結果が出るような気がしてくるものです。実際はそれで終わってしまい、本当に大切な本質（ユーザー心理）を理解しないままサイトをつくっていると思われるサイトをよく見かけます。

　そんなサイトをつくるときのターゲット設定としてよく利用される「ペルソナ」ですが、ここで1つ質問です。

質問
ペルソナ設定さえしていれば、売上が上がるのでしょうか？

この文脈から考えれば誰もがわかりますよね。答えは、NO です。

ペルソナを設定すれば売上が上がるなら、何の苦労もいりません。しかし、巷で言われているような単なるペルソナ設定は甘すぎます。そしてペルソナ設定が甘い会社は、痛い目を見ています。

繰り返しますが、**「なぜペルソナ設定をするのか？」という真理・本質を知らなければ、設定してもムダ**です。

逆に私が行なっているペルソナ設定を知り、実際に私の言うとおりにペルソナを深掘りして、あなたのホームページに応用できたら、売上、集客が1カ月で10倍以上になることも決して夢ではありません。

では、実際に、私が考えるペルソナ設定方法を解説するうえで、その内容をズバリ示す法則名があります。

その名も**「ピョン吉の法則」**です。

ふざけた名前だと思われるかもしれませんが、ちゃんと考えてつけているんですよ。

今までの皆さんが知っているペルソナは、どちらかというと、単に設定に必要な情報を考えただけで、そこには、そのペルソナが持つ心が入っていませんでした。要するに、平面というか、二次元というか……。

そこに命を吹き込んで、ペルソナに生き生きとした心を持たせることが大事なのです。なぜなら、再三お話ししているように、ユーザーの「心」がわからないければ、結局うまくいかないからです。

命を吹き込むことで、まるで今まで動かなかったのに、Tシャツの中で動き出した「ピョン吉」ように、「心を持ったペルソナになるように」という思いを込めて、「ピョン吉の法則」と名付けました。

「ピョン吉の法則」には5つのステップがあります。

決して難しいものではありません。順番どおりに進めていけば、

最後には、今までとは違うペルソナ設計が完成しているはずです。

では、ステップ1からスタートです。

ステップ❶ 基本のペルソナをつくる（俗に言うペルソナ設定）

①氏名、②年齢、③性別、④職業、⑤役職、⑥住まい、⑦家族構成、⑧情報収集のツール、⑨他人からの影響度合い、⑩よく見る雑誌・サイト・TV番組、⑪年収、⑫可処分所得

まず以上の12項目を考えてみてください。

ステップ1は、今までよくあるペルソナ設計と同じです。やったことがある人もいるかと思いますが、**大事なのは書いた内容ではなく、書いた内容からどのような考察を導き出すか、**です。

ですので、やったことがあるという人も、もう一度トライしてみてください。

続いて「書いた内容からどのような考察を導き出すか」とは具体的にどういうことか、深堀りしてみます。

例えば、「⑩よく見る雑誌・サイト・TV番組」で、「よく見るサイト：Yahoo！」「よく見る雑誌：ゴルフ雑誌」と想定できた場合、皆さん、それからどんなことを予想しますか？

私なら、週末のゴルフを楽しみにして、通勤中は「Yahoo！」を見て、時間をつぶすサラリーマンと予想します。

しかも、付け加えるとしたら、「スマートニュース」や「グノシー」ではなく、「Yahoo！」であることも注目です。スマホアプリではなく、「Yahoo！」なら、「スマホのリテラシーが低い」とも予想ができるわけです。

さて、その一方で、「よく見るサイト：zuu online」「よく見る雑誌：

雑誌はあまり読まないで、日経新聞を読んでいる」と想定できた場合は、どうでしょう？

　同じサラリーマンでも、きっと金融や経済に興味があり、何となく仕事ができそうな人のイメージ。そんな予想になるのではないでしょうか？

　このうように考えてみると同じサラリーマンでも、頭の中や興味があることが別であることがわかってきます。

　先ほどもお伝えした「書いた内容ではなく、書いた内容からどのような考察を導き出すか」が重要とは、こういうことなのです。皆さんはいかがでしょうか？　もう一度見返して、いろんな想像を巡らせてみてください。

ステップ❷　ペルソナの心理を知る

　そもそも、なぜあなたの商品やサービスを買おうと思うのでしょうか？
　他の商品ではなぜダメなのでしょうか？

　この2つの問いについて考えてみてください。

　もしかすると、ここから少し難しくなってきたと感じるかもしれません。でも大丈夫です。皆さん、少しここで手が止まってしまうと思いますが、そもそも正解を導き出すための問いではないので、ちょっと気を楽にして進めていきましょう。

　コツは、とにかく手を動かすことです。

　箇条書きで、書きなぐった感じでも構いません。書いているうちに、思考が整理されてきます。そして、書いているうちに、自然とどんどん筆が進んでくるはずですので。

では、本題に戻りましょう。

なぜお客様は、あなたの商品やサービスを買おうと思うのでしょうか？

例えば、「安い」「対応が丁寧」「他社よりも実績があって安心感がある」などなど、いろんなことが出てくるでしょう。

では、次に、他の商品ではなぜダメなのでしょうか？

この質問は、他社との差別化を意識する質問ですね。

先ほどの「安い」を理由に商品を買うと書いた場合、このように考えてみてください。

そもそも「価格」がまず頭に浮かんできたということは、価格競争が当然の業界にいるのかもしれません。

そうなると、すでに限界近くまで値下げしているとも考えられ、競合他社も同じなのでしょう。

そう考えると、数千円の価格差が出てきているとは到底考えられませんよね？　せいぜい数百円の差でしょう。

どちらでもいいと判断されるレベルのわずかな差なのであれば、価格以外の何かしらの理由があってあなたから買っているのです。

まずそこを理解しておく必要があります。

【なぜ買ったのか】→【安いから】では、まったく戦略になりませんし、ユーザー心理をわかっていません。

もちろん安いから買うことは多いでしょうが、買う理由を安いから以上に掘り下げられない程度であれば、その商品は誰が売っても同じでしょう。

ステップ❸　ペルソナの心理を深掘りする

ステップ2で出た理由からペルソナの心理や性格を読み解いてく

ださい。

　ここからはさらに深く考えていただく時間になります。

「ステップ２で出た理由からペルソナの心理や性格を読み解く」なんて言われても、いきなりだとなかなか想像できないかもしれません。

　ただ、これも慣れの問題です。今までは、このような視点から物事を考えることがなかっただけなので、これを機に、いつもとは違う考える視点を身につけてください。

＊

　さて、そう言いつつ、まずは具体的な例をお見せしますので、そこから皆さん自身のペルソナについて考えていただこうと思います。

　では、企業の名前は伏せますが、汚れがよく落ちる洗浄機の会社の例です。

　この企業は、ステップ２で「他社よりも汚れがよく落ちるから」「歴史のある会社で実績と信頼がある会社だから」、他社ではなく、自社の商品を買ってくれたと書いていました。

　では、その汚れがよく落ちる洗浄機を購入する人の心理を考えていきましょう。

　その商品を購入する人は、

「そこまでして落としたい汚れがある」

「手間をかけないでキレイにしたい」

　という現状と、それに伴う心理があると考えられます。

　なぜなら、ちょっとの汚れでしかないのに、そんな洗浄機を買う必要がないからです。

　自分でさっと掃除すれば済む話なわけですから、「そこまでして落としたい汚れがある」という理屈は成り立ちます。

　しかも、手作業ではなく、洗浄機という選択をするということか

ら「手間をかけないでキレイにしたい」という心理もあると考えられます。

　ここまで考えて、その洗浄機の会社は、ユーザーの心理や性格を「きれい好きである」と考えていました。

　しかし……！

　私は、これに異論を唱えました。

　なぜでしょうか？

　では、ここで質問です。

> ### 質問
>
> **汚れがよく落ちる洗浄機を購入する人の心理は「そこまでして落としたい汚れがある」「手間をかけないでキレイにしたい」。だから「きれい好きである」は間違っています。なぜでしょうか？**

　理由は、いたってシンプルです。

「そこまでして落としたい汚れがある」ということは、きれいな状態ではないですよね？

　少なくとも、きれい好きの人は、そこまでして落としたい汚れになるまで、汚れを放置しません。こまめに掃除するはずです。

　ちょっとの汚れを放置し、また少し汚れてもまた放置し、「そのうちやればいいかな」と思い続けた結果、意外と落ちにくい汚れになってしまったと考えるのが自然ではないでしょうか？

　きれい好きの人にとっては、我慢ができない状態です。だから、「きれい好き」は間違っているのです。

　そう考えると、答えは見えてきました。

　そのユーザーの性格は、「きれい好き」ではなく、「面倒くさがり」です。面倒くさがりだから、「そこまでして落としたい汚れがある」というわけです。

　今までその会社は、「きれい好き」という想定で、サイトをつくっていました。しかし、よくよく考えると、自社商品を買うお客様は、真逆の面倒くさがりだったのです！

　そうすると、どうなるでしょう。

　面倒くさがりは、面倒くさがりなので、あまり細かい説明などは見ないのではないかと想像できませんか？

　なので、細かい説明は控えめにして、イラストで直感的に説明すれば、面倒くさがりでも簡単に理解できるサイトができあがるのです。

＊

　このように、今までのペルソナ設計では見えてこなかった、むしろ間違っていたことが明確になるのが、このステップ３の特徴です。

　コツは、**「今までの考えを一度疑ってみる」**こと。

「本当にそうなのかな？」と考えてみることが、まず第一歩です。

　ぜひ、先の例にならって、本当にそうなのかじっくり考えてみてください。

ステップ④ ペルソナの不安を知る

　サイトを訪れる人には、いろいろな気持ちがあります。それは、マイナスな気持ちも含めてです。

　つまり、**「何が不安なのか？　心配なのか？」**を考えること。

　ステップ４では、それを考えます。

　ちなみに、よくあるサイト設計のミスは、この不安に寄り添っていないことに起因していることが実に多いのです。

「メリットばかりを押し出してしまい、他に目がいっていない」と言えばわかりやすいかもしれません。

　先ほども述べたように、メリットばかりを出されると、ユーザー

は結構引いてしまうことが多いものです。それは、決してWEBに限った話ではないのですが、相手が見えないため、どうしても「押しを強くしないと売れない」と思ってしまう心理が、こちら側にはたらいてしまうのかもしれません。

　押しを強くしても悪くはないですが、その分、引かれてしまう可能性もあるので、不安に十分に寄り添ってあげることが大切です。

　ユーザーが抱える不安とは、例えば、次のようなものです。

> ● 「安さ」を売りにしていた場合、「その値段で大丈夫かな？」「すぐ壊れたりしない？」という不安。
> ● 「速さ」を売りにしていた場合、「なんでそんなに速いの？」「ちゃんとつくってる？」という不安。
> ● 先ほど例に出した洗浄機の場合、「ホントに汚れが落ちるの？」という不安。

　言ってしまえば、ユーザーは、ワガママなんです。

　安いほうを好む割りに、壊れないか心配したり、速いとうれしいのに、速すぎると不安になったり……。

　私もユーザーとして買い物をするのでよくわかりますが、結局、こんな感情が入り乱れているのです。

　皆さんのペルソナは、どんな不安を抱えていそうでしょうか？

　今一度、よく考えてみてください。

ステップ⑤ ペルソナの不安の解決方法を探る

　ペルソナの不安はどのような情報により解決できますか？

　今度は、**ステップ4で出てきた不安をどのようにすれば解決できるかを考えていきましょう。**

　せっかくペルソナの不安を認識できたので、それを解決しない手

はありません。

　では、もう一度先ほどの例を見ながら、解決方法を探ります。

● 「安さ」を売りにしていた場合、「その値段で大丈夫かな?」
「すぐに壊れたりしない?」という不安。

解決方法➡値段の根拠を示す。耐久テストのデータ(動画)を示す。
お客様の声を示す。

● 「速さ」を売りにしていた場合、「なんでそんなに速いの?」
「ちゃんとつくってる?」という不安。

解決方法➡速い根拠を示す。例えば、運送のスキームが他社と違
う、生産ラインが他社とは違うから速くお届けできる
という根拠を示す。

● 先ほど例に出した洗浄機の場合、「ホントに汚れが落ちるの?」
という不安。

解決方法➡動画で汚れが落ちるシーンを示す。

　いかがでしょうか?

　不安になったり、心配になっているのであれば、シンプルに根拠
を示してあげればいいのです。

　さらに、保証をつけたりするのも効果的なので、試してみてくだ
さい。

＊

　ここまでがペルソナ設計の5つのステップでした。

　一度ではなかなかできあがらないと思います。その場合は、何度
も見返して、今までとは違うペルソナを見いだしてみてください。

iPhone が大きくなったことの影響
――デバイスサイズとボタンの微妙な関係

　きっと、皆さんの中にもiPhoneユーザーとして実感されている方もいるのではないかと思いますが、その影響とは、「片手で使えなくなった」ことです。

「えっ？　そんなこと!?」と思われるかもしれませんが、実は結構重大なことなんです。

　片手で使えなくなったとは、どういうことかというと、単純に「両手で使うことが増えた」のです。

　ということは、「片手で使用せざるをえない場面では不便なことも多くなった」わけです。

　では、ここで質問です。

質問

片手で使用せざるをえない場面とは、いったいいつでしょうか？

　答えは、いくつかあると思いますが、その中の１つは**電車の中**です。新型コロナ以降、寿司詰めのような満員電車はなくなりましたが、片手にバッグを持って、もう一方の手でスマホをいじっている光景をよく見かけます。

　それがいったいどんな影響があるのか？

　iPhoneが大きくなって、両手のほうが使いやすいサイズになりました。それを片手で使っているのですから、従来のものより操作性が落ちてしまいます。いつもよりボタンに指が届きにくかったり、スクロールしにくかったりという問題が出てきます。

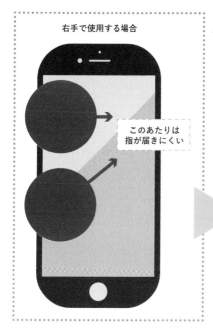

右手で使用する場合

サイズが大きくなり、届きにくい場所が発生。

このあたりは指が届きにくい

右手で使用する場合

このあたりの方がタップしやすい

片手で操作できる場所にボタンを配置する。

　それをそのままにしていると、サイトを回遊しにくくなり、「お問い合わせが減る」「売上が減る」という事態が起きてしまいます。

　特に、サラリーマン、OLを対象にしているサイトは注意が必要です。通勤中のサラリーマンに読んでほしいと思い、サイトをつくっていても、「ボタンが押しにくいので、次の記事に進めない」といったことが起こっている可能性があるからです。

　そんな事態にならないように、**片手での操作でも記事から記事への移動がしやすいように工夫する**といったことが必要になってきます。

「自社でアップした記事がなかなか見られない」という悩みの場合、記事のクオリティの問題ではなく、実はこんな落とし穴に落ちてしまっているかもしれません。

　このように、**対象になるユーザーの普段の行動をじっくり観察**（観察できない場合はせめて想像）することで、記事のクオリティを上げるという一般的な改善策ではなく、新たな発見があり、それが大きな変化へとつながっていきます。

　ぜひ、ユーザーの普段の行動を観察して、新たな改善点を見つけてください。

「よくある質問」の有効活用──「安心感増大」の法則

　皆さんは、「よくある質問」をどのように活用していますか？「今まで本当によくあった質問を掲載する」という活用のみでしょうか？

　もしそうだとしたら、とてももったいない！　せっかくなので、より効果的な活用法をお伝えしますので、さっそく試してみてください。

「よくある質問」は、いろんなサイトで見かけます。いろんなサイトで見かけるということは、本来とても効果があるものだと言えます。それは、「同じ質問を繰り返しいただくことを避ける」という意味で。

　しかし、せっかくこれだけ「よくある質問」というページの存在が認知されているのであれば、もう少し別の角度から意味を持たせて活用すべきです。

　つまり、認知されているページなのであれば、そこに誘導するのは簡単なので、いっそのこと、**「よくある質問」で、「不安解消＝安心感増大も図ってしまおう」**というわけです。

　ちなみに、これは先ほどのペルソナ設計のステップ5にも活用できる内容です。

　例えば、本当によくある質問だけではなく、こんなQ＆Aをつくったら、どうでしょうか？

・・・

Q. なぜそんなに安いのでしょうか？

A. それは、中間マージンをなくした結果、その差をお客様に還元できるようになり、お安くご提供させていただいております。また、生産ラインの見直しを行ない、コストカットを実現できたので、比較的安価でご提供できております。詳細はこちらで図解しておりますのでご覧ください。

・・・

　十分不安を解消できるような文章をつくることができ、さらには、図解した部分の下に、お問い合わせやお申し込みボタンを配置しておけば、よりコンバージョンされるはずです。

　これはほんの一例ですが、このように、**不安に思うであろうことを、Qの部分に書き、その根拠をAの部分に記載**してください。

　繰り返しますが、「よくある質問」は、見られる確率が高いページです。それを活用し、ユーザーの不安に寄り添い、お問い合わせや購入に誘導してみると、今までとは違う結果が出てくるでしょう。

心理トリック口コミの効果を最大限にする
──無意識にアプローチ！「印象コントロール」の法則

　またまた質問からスタートしますが、皆さんは、「口コミ」「購入者（利用者）の声」をどのように活用していますか？

　そもそも口コミを利用していないという人、特にBtoCビジネスにかかわっている人は、ぜひ活用することをおすすめします。

というのも、シンプルに言ってしまえば、効果があるからです。「ホントなのか？」という疑問の声も聞こえてきそうなのですが、もし、あまり効果を実感できていないという人は、今からお伝えする方法を試してみてください。

　まず、**大切なのは、「口コミの前に何を見せるか」です。**「まず」というよりも、ほぼこれで決まります。

　ユーザーは、いろんな口コミを見て何をするかというと、「この商品は買っても大丈夫なのか」などを判断している、もしくは判断材料にしているのです。

　これはすでにご承知のとおり、判断材料にしているのならば、良いほうにとらえてくれるような判断材料にすればいいのです。

　単に口コミを並べてみても、「どのくらいの人が良いと言っているのか」が直感的にわからないのは非常にもったいないことです。

　なぜなら人は、最初に目にした情報に引きずられて判断してしまう傾向があるからです。

　心理学でいう**「係留と調整ヒューリスティック」**です。

　例えば、こんな質問があったとします。

---

❶国連に属している国のうち、アフリカ大陸にある国家の割合は65％よりも多いと思うか、少ないと思うか？

❷国連に属している国のうち、アフリカ大陸にある国家の割合は10％よりも多いと思うか、少ないと思うか？

---

　❶の質問を受けた人のほうが、❷の10％よりも大きいと思うか少ないと思うかと質問された人よりも、多い割合を回答するという話です。つまり、❶の質問では、65％という数値に引っ張られて回答していることになります。

これを少し変えた身近な例が、二重価格表示です。

9,800円 → 4,980円

と表記されると、元の価格＝9,800円に引っ張られて、「高い商品がこんなに安くなっている」と感じるのです。

ということは、これを口コミに応用すると、口コミを羅列する前に、

◎**この商品は、98％の人が良いと評価しています。**
◎**この商品の購入者のうち、83％が定期購入に申し込んでいます。**

と書いておくのです。

こうしておけば、目にした数値に引っ張られるので、「良い」と言う人が多い商品なんだという印象になり、その後の口コミも、良い内容が書いてある＝いい商品なんだという図式が成り立つわけです。

せっかく口コミを掲載するのであれば、「良い商品なんだ」という印象をさらに植え付けたいものです。

口コミの効果があまり感じられないなんて思っている方は、ぜひお試しください。

セレクトショップのセール時期がお盆前の理由
──「行動前は財布の紐が緩む」法則

セレクトショップに限らず、セール時期はお盆の前だったり、ゴールデンウィークの前だったりします。

それには理由があります。

「そんなの当たり前じゃないか！」と自分でも突っ込みたくなるほどですが、薄い話ではないので、最後まで読み進めてください。

　ちなみに、ご存じの方も多いかもしれませんが、セレクトショップ等がセールを大型連休前に行なうのは、連休後は財布の紐が固く締まってしまうからです。

　連休前であれば、旅行に着ていく服を買うこともあると思いますし、キャンプに行くのであればキャンプ用品を買うでしょう。

　ここで重要なのは、「連休前だから財布の紐が緩む」という額面どおりの話ではない点です。

　連休前に買うのは、単純に服を買っているのではなく、**「旅行でその服を着て、とても楽しんでいる姿が想像できるから買う」**のです。

「旅行先でディナーで海辺のレストランに行く予定だから、この洋服にしよう！」「この服を着て、早く旅行に行きたいな」という気持ちなのです。

　つまり、**単に商品を買うのではなく、「その後に起こる楽しい体験を買っている」**と言えます。

　ということは……、もうおわかりですよね。

　これは、特段大型連休前にしか起きない現象ではないのです。

　買ったあとの楽しさや喜んでいる自分の姿、それを買うことによって得られる周囲からの称賛などをイメージできれば購入するのですから、普段のセールスやWEBサイトでも十分活用できます。

　お鍋を売る場合、お鍋単品を見せるより、料理が入っている状態のほうが売れます。

　店舗にテナントを誘致する場合も、何もない状態ではなく、パースなどを利用して、実際利用した状態を見せるほうが納得できます。

　テレビ通販でよく見かける「高枝切りバサミ」も、ハサミ単体で

見せるのではなく、実際に切っているシーンを流すことにより、自分が切っているイメージが湧くので、購入するわけです。

　このように考えてみると、身の回りにたくさん事例が転がっています。

　繰り返しになりますが、何かを購入してもらおうという場合は、**商品を売るのではなく、その後の体験や楽しい感情をイメージさせる工夫**をしてください。

　ユーザーは、単に商品を買うのではなく、その後に起こる楽しい体験を買っているわけですから。

ハーゲンダッツが、夕方にインスタグラムを更新する理由 ──「女子OL 生態」の法則

　皆さんは、インスタグラムを利用していますか？

　インスタグラムのユーザー数などを細かく説明することはここではしませんが、きっと多くの人が一度くらいはご覧になったことがあるのではないでしょうか。今となっては、それくらいメジャーなSNSとしての地位を確立しているので、特に店舗運営をしている方は活用していることが多いと思います。

　そんなインスタグラムですが、写真を投稿すれば、「いいね」がついて、売上が上がるかというと、そうではありません。

　これだけ普及してくると、単に「投稿すればいい」ということでもなくなってきます。

　一時期は「インスタ映え」という言葉も流行りましたが、全部がインスタ映えを狙っているので、ユーザーとしては、もはや本当にインスタ映えかどうか判断できなくなっています。まわりがインスタ映えと言うからインスタ映えなんだ程度にしか判断していません。

ここでお伝えしたいのは、インスタ映えを狙うのではなく、もう少しひねったアイデアです。

　ひねったと言っても、難しいこともなければ、ぶっ飛んだ発想を求めているのではありません。

　ここまでお読みいただいてわかると思いますが、

「自分の思考パターンを変える」
「心理とそれに伴う行動を考える」

　この２つで完結しますので、リラックスしてお読みください。

　今回は、ハーゲンダッツを例に挙げてお話しします。

　世界的なアイスクリームブランド「ハーゲンダッツ」は、インスタグラムでも見ることができるのですが、いつ頃更新されると思いますか？

　しばらく気になって見てみたのですが、**夕方に更新**されるケースが多いのです。

　先ほどお話ししたように、**大切なのは、インスタ映えではなく「心理とそれに伴う行動を考える」**です。

　その点を踏まえて、なぜ夕方に更新されるかを考えていきます。

　シンプルな図式なので、拍子抜けするかもしれませんが……。

ハーゲンダッツのアイスクリームを買う人の多くが女性。
※男性も買うとは思いますが、比率の問題
⬇
その女性、例えばOLさんが、帰りの電車で、インスタグラムを見る。
⬇
そこでハーゲンダッツのアイスクリームを見つける。
⬇
「おいしそうだなぁ。コンビニに置いてあるから買って帰ろう！」

　ただこれだけのシンプルな図式だと考えます。キモになる部分は、「夕方の更新」という点です。

　これがもし、朝に更新されていたら、「おいしそうだなぁ。コンビニに置いてあるから、"帰りに"買って帰ろう！」と思いつつも、仕事が忙しくて、夕方には忘れてしまっている可能性が高くなります。

　しかし、これが帰宅途中だったら、思いついたタイミングと購入までの時間が短いので、忘れ去られることなく、購入につながるわけです。

　インスタグラムの写真がキレイなのが前提ですが、無理してインスタ映えを狙わなくても、このように「心理とそれに伴う行動を考える」だけで、インスタグラムに投稿した価値が生まれてきます。

　どの時間に投稿すれば、インスタグラムを見ているユーザーに届きやすく購入につながるのかを、先の例を参考にしながら、もう一度考えてみてください。

　きっと今までの投稿とは違う結果が出てくるでしょう。

　もし、そこまで考えて投稿しているのに結果が出ない場合は、写真のクオリティ、キャプションの内容を見直して、全体的にユーザーの「心理とそれに伴う行動」にマッチしているかどうかを見直してみてください。

見る人によって、欲しい情報とタイミングが違う
──「味噌汁はアツアツ」の法則

　またまた、ふざけ気味のタイトルですが、内容はいたって真面目な話です。

　見る人によって欲しい情報とそのタイミングが違うのは、当たり前と言えば当たり前ですよね。サイトを見に来る目的が、そもそも

人それぞれなわけですから、欲しい情報もタイミングもバラバラです。

　そもそも全員に当てはまる構成をすることは、元々不可能なのです。

　ですから、「全員に当てはまる構成をつくることは不可能」という前提で、「何を気をつけるべきなのか」というテーマで話を進めます。

　結論から申し上げると、

「多くの見たいと思う情報を早い段階で表示する」

　ということです。

　当たり前だと思うかもしれませんが、意外とできていません。よく間違いが起こりやすいのは、飲食店やアパレル企業のサイトです。

　ここで少しイメージしてみてください。

　あなたは、行ってみようと思っている飲食店のサイトやアパレルブランドのサイトを訪問しました。何を一番見たいですか？

【飲食店の場合】

◎どんな料理があるか？

◎営業時間は？

◎予約したい日は空いているか？

◎店内はきれいか？

【アパレルブランドの場合】

◎今シーズンのおすすめは何か？

◎欲しい服の在庫はあるか？

◎お店はどこにあるか？

◎取り置きは可能か？

◎ネットで購入できるか？

　などなど、あなたができるだけ早く知りたい、見たい情報がある
でしょう。

　そうだとしたら、サイトのTOPページの構成としては、

知りたい情報がす
ぐ目に入る構成が
大切。

　このように、メインビジュアルがあって、その下に、飲食店なら
料理の写真、アパレルであれば今シーズンを象徴するようなアイテ
ムの写真を掲載するほうがいいわけです。

　なぜなら、ユーザーは、その情報を見に来ているからです。

　ところが、よく見かけるのは、

おすすめしない、
よくありがちな
サイト構成。

このように、インフォメーションをメインビジュアルに置いてしまうパターンです。しかも、この場合はもっと最悪で、写真がなくてテキストのみになっています。

せっかくユーザーは、「どんな料理があるのかな？」「今シーズンのおすすめは何かな？」とウキウキしながら見に来ているのに、その気持ちをごっそり削り取ってしまうような、実に残念な構成になっています。

そのウキウキした気持ちを汲み取っていけば、自ずとその気持ちがホットで熱々なうちに「こちらへどうぞ」と誘導してあげるほうが得策であることは自明の理でしょう。

だから、「味噌汁はアツアツの法則」なんです。

◎ユーザーが何を見たいと思ってサイトを訪れているか？
◎その気持ちがホットで熱々なうちにちゃんと誘導できているか？

ここに焦点を当てて、もう一度サイトを見返してみてください。

＊

ちなみに、メインビジュアルに「実績」をドーンと掲載しているケースもありますが、これも、この法則に則ってもう一度見直すことをおすすめします。

ユーザーが実績数に惹かれて訪問しているのであれば、あまりいじる必要はないですが、「一般的な知名度をこれから獲得していこう」というときに、実績数ばかり強調すると、ユーザーは疑ってしまうからです。

では、どうするか？

「味噌汁はアツアツの法則」に当てはめて考えれば簡単です。ユーザ

ーの気持ちを汲み取って、その気持ちがホットで熱々なうちに「こちらへどうぞ」と誘導してあげることがいいわけですから、知名度アップ中の企業の場合、実績は最後のほうで見せればいいのです。

いきなりドーンではなく、ユーザーがサービスを理解し、「いいな」と思ってから、「実はこんなに実績があるので、安心してくださいね」と伝えるほうが効果的です。

皆さんのサイトは、熱々のタイミングで情報を出せていますか？

もう一度見直してみてください。

同じお問い合わせばかり来てしまうよくある間違い
——「かまってちゃん」の法則

私のところに来るご相談で、意外と多いのは、

「サイトをリニューアルしてみたものの、なぜか同じお問い合わせが多い」

「いくら『よくあるご質問』に情報を掲載しても、結局同じお問い合わせが来てしまう」

というものです。

これには、いくつか原因があります。

ここまで読んでくださっているあなたなら、なんとなく解決法が思いついているのではないでしょうか？

では、順を追って説明していきます。

1つ目は、もう何度も言っていることなので、解説する必要はないと思いますが、**「ユーザーが何を求めているかを正しく理解していないから」**です。

リニューアルしてみたものの、結局ユーザーのことを考えてのリ

ニューアルになっていないのであれば、同じお問い合わせがくる理由を考えて、それを予防していなければ、いくらキレイにリニューアルしても、結果が変わらないのは当然です。

　また、**「よくあるご質問」にたくさん情報を載せても、見てくれるような導線を組まなければ意味がない**ことも、ご理解いただけると思います。

　では、もう少し別の角度から要因を探っていきます。

　ユーザーのことをしっかり考えてリニューアルしたにもかかわらず、また同じような質問ばかりが来てしまう状況に陥ったとします。

　サイトを変えても、同じお問い合わせが多いということは、別の視点から考えると、リニューアル後も閲覧しているのは、同じ属性のユーザーであると考えられます。

　そもそも、サイトをリニューアルしたからといって、いきなり違う属性のユーザーがたくさん押し寄せることはあまり考えにくく、違う属性のユーザーでも同じ系統の質問が続くことは考えられます。

　つまり、属性も変わらず、同じお問い合わせが相変わらず来るという状況です。

　ある意味、八方塞がりの状態に見えますが、そうではありません。

　結論からすると、「ちゃんとユーザー心理を分析してリニューアルした」のであれば、それでもお問い合わせをしてくる属性のユーザーだと思うしかないのです。

「まったく解決策になっていないじゃないか」と言いたくなる気持ちは十分わかります。

　しかし、ここで考えるべきことは、「ちゃんとユーザー心理を分析して」の分析が甘かったという自覚です。つまり、「どう考えても、お問い合わせしてくるな」というところまで考えておく必要があっ

たのです。

　そうは言ってもなかなかはじめからできるものではないので、リニューアル後に、同じようなお問い合わせが来るのは（繰り返しますが、きちんと対策していることが前提です）、もはやユーザーが「かまってちゃん」だと思うしかありません。

　実際に、私のお客様でも、同じような悩みをお持ちの方がいました。

　そのお客様のサービスはサブスクリプション系のサービスで、サラリーマン向けに「面倒な手間が省ける」と打ち出していました。

　私が解析した同じお問い合わせをする人の心理は次のとおりです。

「簡単だと言うから面倒くさがりの私が申し込んだんだけど、ちょっとわからないことがある。だから丁寧に対応してほしい！」
「よくあるご質問を見ろと書いてあるが、どこに書いてあるかを探すのも面倒！　だから教えてほしい！」

　以下に整理してみます。

> サブスクリプション＝面倒ではない＝面倒くさがりの私でも申し込める＝しかし面倒くさがりなので、ちょっとでも探すのは面倒くさい＝だから教えて！

　このような流れになるので、どのように誘導したところで、このパターンから抜け出すことはできないでしょう。なぜなら**かまってちゃん**なので。

　ただ、「かまってちゃん」をそのままにしておくと、対応に追われ

て大変だと思いますので、最後にいくつか対策をご紹介します。

【かまってちゃん対策】
❶早いタイミングでお問い合わせに誘導する。
❷そもそもこの属性のユーザーからの申し込みは受けないようにする。

❶は、この手のユーザーが長時間お問い合わせ先を探し、ストレスを抱えることを防ぐことにもつながります。面倒くさいなぁと思い、しかもお問い合わせ先すらなかなか見つけられなかったら、ユーザーはストレスどころか怒りが溜まってくる可能性もあるので、電話やメールが来た段階でかなり大変な状態になっていることもあります。

そうなる前に、早いタイミングでお問い合わせをしてもらえるようにわかりやすい誘導を心掛けるのもありだと思います。

当然、対応工数はかかってしまうのですが、クレームっぽくなる前に電話を受けているので、「お問い合わせ先を探しにくくして、クレームっぽくなる」よりは、トータル的には工数は少なくて済むでしょう。

❷は、勇気がいる決断かもしれませんが、大切なことだと思います。そもそも、「かまってちゃんからのお問い合わせに悩む」ということは、「できるだけ申し込みを受けたくない」という心理の裏返しとも言えます。だとしたら、いっそのこと申し込みを受けないというのも手です。

言葉にすると（一番効果はありますが）いろいろと問題があるかもしれませんので、その場合は、

◎申し込みフローを少し複雑にする。
◎申し込みまでに用意する項目を増やす。

　この2つがおすすめです。

　あえてこのようにすることで、「面倒だなぁ」と思い、どうしても申し込みたい方以外はきちんと離脱してくれます。

　実際に、弊社で行なっているコーディングのみのサービスで、「コーディング＝安い」という認識の方への対応をなくすために「申し込みまでに用意する項目を増やす」という対策を行ないました。

　すると、コーディング＝安いという認識の方は激減し、コーディングの単価や重要性を理解していただける方のみがお問い合わせをしてくれるようになりました。つまり、質のいいお客様だけが残ったわけです。

「コーディング＝安い」と言う方は、そもそも単価が合わないので、お見積りをしてもNGになることが多い状態でした。そこで、先の策を実施したところ、単価の意識が共有できていない方が減り、単価の意識が合っているお客様からのお問い合わせのみが残りました。結果的に、お客様の数は減りましたが、受注率が上がり、売上も上がりました。

　ちょっと勇気が必要ですが、最終的にとても良い結果になる可能性も大いにあるので、「かまってちゃん」にお困りの場合、ぜひチャレンジしてみてほしいと思います。

人は「前のページと違う色」を押しやすい
──「反対色（補色）」の法則

　よくサイトをつくっていて質問されるのは、「どの色にしたらクリックされますか？」というものです。

　これは、前にも書いたように、「それまで目にしていた色味による」

が私の答えです。

　昔はよく「赤色のボタンがクリックされやすい」なんてことが言われていましたが、その直前まで赤色ばかり目にしていたら、赤色＝重要という一般的な理屈が成り立つことなく、赤色＝よく見る色になってしまうので、クリックされやすいとは言えなくなってしまいます。

　では、どんな色がいいのか？

　わかりやすくまとめると、「**直前まで頻繁に見ていた色の反対色（補色）にあたる色が目立つ**」ということです。

　反対色（補色）は、皆さんも一度は目にしたことがあると思いますが、色相環で言うところの反対の位置にあるものです。ちなみに、厳密には青の補色と言っても、青の色味にもよります。

　おおよそでお話しすると、

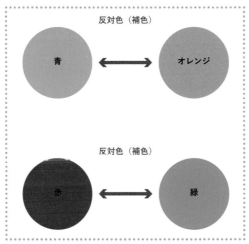

反対色（補色）の例。

◎青の反対色（補色）　→　オレンジ
◎赤の反対色（補色）　→　緑

　ということになります。

　ただし、「目立って押しやすい」とは、あくまでもバランスが大切
であり、反対色（補色）にすれば何もかもいいかというわけではあり
ません。当然、全体的にバランスを取る必要はあります。

　その上で、基礎的な知識として、**反対色（補色）を意識すると、
今までとは違った効果が期待でき、クリックされる可能性も上がり
ます。**

　反対色（補色）の効果は、サイトだけではなく、いろいろなとこ
ろで活用されています。

　例えば、肉売り場では、緑色のマットが用いられていますが、こ
れは、補色の対比によって「肉の赤みがより強調される＝肉がおい
しそうで新鮮に見える」効果があるからです。

　ここでは色による効果を多くは解説することはしませんが、「せ
っかくつくったのにクリックされないので、色味を変えてみよう」
と思ったとき、この反対色（補色）の話を思い出してみてください。

　反対色（補色）の効果で、今までとは違う結果がもたらされるか
もしれません。

左脳型デザインで売上を上げる
──ロジカルデザインの大切さ「パズルゲーム」の法則

　デザインと言うと、特殊な能力や技術、経験が必要で、その能力
を持っている人が行なう作業という印象があるのではないでしょう
か。

　当然、技術・経験が必要なのは言うまでもありませんが、能力が
必要かというと、それは半分正解で、半分間違っているように思い
ます。

　デザインの場合の能力と言われると、どちらかというと、芸術的
なひらめきとか、突拍子もないアイデアを生み出す力と考える人が

多いでしょう。

　私自身、「そんなの、よく思いつくな～」と思うことは今でもありますし、デザイナーになりたての頃は、自分のデザインの下手さに頻繁に打ちひしがれていました。

　そんなデザイナーになりたての私は、直感やひらめきが大切だと思っていたので、まったくデザインが進まないこともよくあり、デザインをつくることをとても苦痛に思うようになっていました。

　一時このような状態に陥り、デザインが嫌いになりかけていたのですが、一定の技術が身についてきて、お客様からも多少なりとも高評価をいただけるようになったときに、あることに気づきました。

　ひらめきでできあがった「自分がとても良い！」と思うデザインよりも、試行錯誤しながら、ユーザーのことを考えて（この配色だとクリックしやすいかな？）つくったデザインのほうが喜んでもらえて、しかも、しっかり結果もついてくることに気づいたのです。

　右脳ばかりを駆使していた頃にはできなかったことができるようになり、評価もしてもらえるようになったのです。

　それからというもの、**直感やひらめきに頼りすぎないデザイン**を意識するようになりました。

　ちなみに、**試行錯誤とは、考えることの連続**だと思います。

　初めの頃は脈略もない思考の繰り返しでしたが、いくつもデザインをしていく中で気がついたのは、「デザインにも法則があり、右脳にばかり頼ってデザインするよりも、良いものが出来上がる」というものでした。

　さらに、法則を自分の中でつくっていけば、その法則をベースに、あとは足りないところを埋めていくパズルゲームのような感覚でデザインができることにも気がつきました（もちろん技術は身につける必要がありますが）。

　今の時代、昔のフォトショップと違い、1クリックでできることも多くなっており、使うツールをしっかりしたものにしておけば、細かい技術はそれほど重要ではなくなっている気がします。

　ですので、余計に直感的にデザインができてしまいます。

　しかし、あくまでそれは「気がする」だけです。

　おそらくそのデザインは、他の誰でもできるようなデザインだと思います。なぜなら、ツールの力を自分のひらめきと勘違いしてしまっているから。

　他の人と差別化するには、やはり、「直感ではない部分を大事にする」ことが重要だと私が強く考える理由は、そこにもあります。

　ユーザーのことをしっかり考えて、デザインをすること。

　ユーザーのことを試行錯誤した結果、ロジカルに考える思考パターンができあがり、そのパターンが自分自身の法則となり、あとは、そのときに合わせてパズルゲームのように埋めていく作業をしていく——。

　それこそが、デザインの根幹だと思います。

　私が、デザインをロジカルに考える理由はもう1つあります。

　それは、**「デザイン＝問題解決」**という考え方です。

　問題解決には、論理的思考が欠かせませんので、結果的に、デザインにも論理的思考が欠かせないことになります。

　つまり、左脳を使い、ロジカルにデザインを組み立てられるデザイナーこそが、長く生き残っていけると思っています。

＊

　前置きがとても長くなりましたが、私がどのようにロジカルに、パズルゲーム式にデザインを組み立てているかを紹介します。

【パズルゲーム式にデザインを考える】

❶ペルソナを考える。

❷ペルソナの心理を考える。

❸心理に基づく行動は何かを考える。

❹その行動に寄り添ったコンテンツは何かを考える。

❺以上を総合して、コンバージョンポイントへの最短ルートを
　考える。

❻クライアントが発信したいメッセージとユーザーが求めている
　イメージをキーワードで整理。

❼❻にマッチする配色を考える。

❽サイトの下書き（ワイヤーフレーム）をつくる。

　各番号の結果は、クライアントによってバラバラです。毎回すべてを①から実行していますが、考えるパターンは同じです。

　もし、どこかで行き詰まったとしても、パズルのように、あとからはめることもできますし、行き詰まっても、どこが壁になっているのかを正確に理解できます。

　直感でデザインをすると、一瞬良いものができたという満足感は得られるかもしれませんが、ここまでの思考の深さがないので、あとから見ると、そんなに良いデザインに思えなかったりします。

　そうならないように、デザイナーはもちろん、デザインにかかわる方は、私の例を参考にしながら、**ご自身のデザイン完成までの流れをつくり、お客様に満足してもらったケースを思い出しながら法則化**してみてください。きっと今までとは違ったデザインや満足感を得られると思います。

なぜ自社商品を買ってもらえたのかを知る
──「間違い探しゲーム」の法則

　皆さんは、自社商品をなぜ買ってもらえたのか考えたことはありますか？

　おそらく、ほとんどの方はその理由を考えたことがあるでしょう。

　しかし、「その理由は本当に合っているでしょうか？」と聞かれて、自信を持って「はい」と答えられる方はどのくらいいるでしょうか？

　もし、自信を持って「はい」と答えられない、もしくは、この質問で若干不安を感じてしまった方は、これからの話をよく確認してみてください。自信を持って「はい」と答えられた方は、もう言うことはありませんが、念のため確認も含めてこのまま読み進めていただけたら幸いです。

　なぜ自社商品を買ってもらえたのかを、限りなく正確に把握し、その理由が合っていると自信を持てるようにするには、どうしたらいいのか？

　やることはとてもシンプルです。

　68ページで解説したペルソナ設計新メソッド「ピョン吉の法則」で出てきた「ペルソナの心理を深掘りする」を集中的に行なうのです。「ペルソナの心理を深掘りする」で紹介した例にあった質問を再度記載します。

　例に出したのは、汚れがよく落ちる洗浄機の販売をされている会社でした。以下、ダイジェスト版です（次ページの＊まで）。

＊

汚れがよく落ちる洗浄機を購入する人の心理は「そこまでして落としたい汚れがある」「手間をかけないでキレイにしたい」。だから「きれい好きである」は間違っています。なぜでしょうか？

「そこまでして落としたい汚れがある」ということは、きれいな状態ではないはずです。少なくとも、きれい好きの人は、そこまでして落としたい汚れになるまで、汚れを放置しません。こまめに掃除するはずです。

ちょっとの汚れを放置し、また少し汚れてもまた放置し、「そのうちやればいいかな」と思い続けた結果、意外と落ちにくい汚れになってしまったと考えるのが自然です。

きれい好きの人にとっては、我慢ができない状態です。だから、きれい好きは間違っているのです。

そう考えると、ユーザーの性格は、きれい好きではなく、面倒くさがりである──。

＊

この例でわかるように、きれい好きだから買うという思い込みがあったのを一度考え直すことにより、面倒くさがりだから買っていたんだということに気がついたのです。

結局何が言いたいかというと、今のお客様が買ってくれている理由自体を間違い探しゲームの題材にして、もう一度考え直すことが大切だということです。

具体的には、例に出した質問をベースにして、次のように投げかけてみてください。●と▲と■にそれぞれ、自社でペルソナ設定したキーワードを入れてください。

自社の商品購入する人の心理は「●●●●」や「▲▲▲▲」だから
で性格や心理としては「■■■である」は間違っています。なぜで
しょうか？

　この投げかけにより、**前提条件が間違っていることに気づき、今
までとは違う角度で自分自身に質問する**ことになります。結果とし
て、違う答えが見つかり、間違いが見つかる可能性が高まってきま
す。

　このように、今まで正しいと思っていたことを一度見つめ直すの
に有効なのが「間違い探しゲームの法則」です。

裏の心理を知る、ある1つの考え方
——「間違い探しゲーム」の法則

「表裏一体」「嫌よ嫌よも好きのうち」という言葉があるように、物
事の表と裏は、考え方次第です。

　例えば、「よく吠える犬　→　実はビビっている」と聞いたことが
ありませんか？

　よく吠えて威勢がいいことや吠えることによって「強いんだぞ」
とアピールして、実はビビっていることを隠しているんですよね。

　これをまとめると、下記のような図式になります。

吠える
⬇
強さをアピール
⬇
ビビっていることを隠している

要するに、強さをアピールしないといけない理由があるのです。これが裏の心理です。

　それ以外にも、「他人の意見を聞かず自分の意見を押し通す」のも、「騙されたくない」という裏の心理が隠れているとも言えます。

　先ほどの図式に当てはめると、次のようになります。

> 他人の意見を聞かず自分の意見を押し通す
>
> ⬇
>
> 自分は意志が固く、強い人間だ
>
> ⬇
>
> 強さをアピールしないといけない理由がある（＝弱さを隠している）
>
> ⬇
>
> 弱さに付け込まれて騙されたくない

　このような心理が読めてきます。

　例を挙げれば、まだまだたくさんあるのですが、ちょっと考えてみてください。

質問

「私は、あの人を有名になる前から応援していたのよ」というアピールに隠れている裏の心理は何でしょうか？

　これは、少し簡単でしたか？

　答えは、「私は他の人よりも見る目があるのよ！」という心理です。

　さらに言うと、

> 有名になる前から応援していた
>
> ⬇
>
> 有名になる前から注目していた私って
> 他の人よりも見る目があるの
>
> ⬇
>
> だから、あなたとは歴が違うのよ！

　このような「他者優位性を誇りたい」という心理が見えてくるのではないでしょうか。「にわかファン」と揶揄する人たちにも同じ心理がはたらいています。

　このように、言葉を聞いただけでは、額面どおりにとらえてしまいそうになることも、いったん立ち止まって先ほどの図式に当てはめると、裏にある心理が見えてきます。

　実際に、私もクライアントのサイトづくりの現場で実践しています。

　すでに何度か話に出ているヴィンテージのアイテムを扱うお店では、一点ものの商品のため、ユーザーは、見つけたタイミングで「どうしても欲しい」という心理になります。その「どうしても欲しい」の裏の心理は「他の人に買われたくない」になるので、他の人に買われる心配を軽減するために、買い物かごの近くに店舗の電話番号を掲載しました。

　他の人に買われたくないので、住所やクレジットカードを入力している時間も心配なのです。

　ですので、**電話での購入もできるようにしておく**と、その心配がなくなる。だから購入されやすくなるという図式で、売上がしっかり上がるようになりました。

　このように、表に見えている意味に隠れた裏の心理やメッセージを考えて、その対策をサイトのデザインで実行してみる。これが「心もコインも裏表の法則」です。

難しいことも楽しいワンクッションで
申し込みが増える──「ジョイポイント7」の法則

　難しいことや大変なこと、時間がかかることを依頼しても、そこにメリットや価値がなければ、人はなかなか簡単には動いてくれません。

　1つ例を挙げます。**野球場で飛ばすジェット風船の片付けに困っていた際に、風船のゴミを拾ってきてくれた子どもたちに選手のカードをプレゼントするようになった**ところ、率先して片付けてくれるようになり、片付けが楽になったそうです。

　この例を参考にすると、いろんなアイデアが浮かんできませんか？

　例えば、「海岸のゴミがひどく、片付けに非常に時間と労力がかかる」という悩みで考えてみます。

　先ほどの例を参考にすると、「海岸のゴミを拾ってくれた子どもたちに、魚の本やシールをプレゼントする」というアイデアが浮かびます。

　そこから、「海岸のゴミを拾ってくれた子どもたちに、魚の本やシールをプレゼントするイベントを開催します。そこには親御さんも同伴するので、親御さん向けにイベント（例えば、海産物を売るイベント）なども企画できます。ここでまずは売上が上がります。

　まだまだ続きます。

　さらに、子どもたちは、海や海洋生物に興味を持つきっかけになります。それを踏まえて、別のイベントを企画できます（有料で海洋生物をもっと知る、体験するイベントなど）。そこには、やはり親御さんも同伴するので、親御さん向けのイベントが企画できますので、さらに売上が上がります。

考え方次第でこうした流れが簡単にできあがります。

もちろん最初に本やシールの出費はかかるでしょうが、今までなかなか参加してもらえなかったイベントでも、このように流れをつくれば、最終的に利益は出せるでしょう。

当初の目的だった「海岸のゴミを片付けること」も解決し、さらには、片付けにかかっていた人手も削減できるので、一石二鳥どころの効果ではありません。

難しいこと、大変なことを依頼する場合は、この法則と流れを思い出し、ぜひ活用してみてください。

変化を嫌う人間心理を逆手にとる
──コンフォートゾーンマーケティング

皆さんには、三日坊主でやめてしまった経験はありませんか？

私には、数え切れなくらいあります。

「今年こそは痩せるぞ！」という意気込みでダイエットを始めても長続きせずに、結局何も変わらずといった経験は、あなたにもあるのではないでしょうか。

基本的に人間は、「変化を嫌う」と言われています。

変化をすることは、今までとは違うことをやることになるので、危険を察したり防衛本能が働き、ブレーキをかけてしまうようです。

これは、WEBサイトでも言えることです。

いつも買い物をしていたサイトが、デザインリニューアルをしたら使いにくく感じたりするものです。使い勝手が多少悪いと思っていても、慣れてしまっているので、それが変わってしまうことで（本当は使いやすくなっていても）、不便に感じてしまいます。

ちなみに私のお客様で、一番売れる商品をページの一番下に置い

たままにしているサイトがあります。

これは、「一番下にあるのは不便だけど、もう慣れてしまって、さーっと一番下までスクロールしてしまえばいい」と思っているリピーターのことを考えての対応です。

売れ筋なので、一番上に持ってきたいのですが、それをやってしまうと、逆に不便に感じるリピーターの方が多くなると考えた結果です（リピーターの多くは年配の方であることも考えて、余計そのままにしているという背景もありますが……）。

それ以外にも、デザインの配色やフォントサイズを考えるときにも、この法則を意識しています。

例えば、その業界の方がよく見るサイトは、どんなレイアウトで配色なのか、フォントサイズはどのくらいかを意識してみます。

当然まったく同じデザインにすることはありませんが、普段見ているものとかけ離れたサイトをつくってしまうと、ユーザーに無意識に抵抗感を生んでしまうからです。

以上のことをふまえてサイトをリニューアルする際は、次の点を意識してみてください。

◎改善したつもりが、不便に感じられるような対策になっていないか？
◎ユーザーにとって馴染みのあるデザインとかけ離れすぎていないか？

この２つを新たな視点として持っておくことをおすすめします。

実績の残念な使い方
──実績をムダにする、典型的な間違い「勘違い野郎」の法則

　実績の使い方については、本書でここまでに何度も取り上げているので、またかという感じもしますが、それくらい使い方がもったいないと感じるサイトが多いので、今回は少し切り口を変えて、**間違わない実績の使い方**をお伝えします。

「実績数万件！」と大々的に表現しても、見るタイミングによっては、ユーザーは引いてしまうだけだとお伝えしたのは、前述のとおりです。

よくあるメインビジュアル内の実績アピール。

　そこに、もう1つ加えたい注意点があります。
　それは、**「実績とユーザーのギャップの有無を理解しておく」**というものです。
　例えば、「私が1億円稼げた理由」と書くのと、「年収300万円だった私が1億円稼げた理由」と書くのでは、印象がまったく違いませんか？
　前者は、ランディングページ等でやってしまいがちな間違いで、実績をムダにしているパターンです。それに比べて後者は、どのくらいのレベルだったのかを明確にした上で、実績を書いています。
　つまり、いきなり「1億円」と書けば、ユーザーから「私にはこんなことできない」と思われる、つまり、ユーザーにとって自分事になりにくくなります。

でも、「年収300万円だった」を加えることで、過去はどのくらいのレベルだったかが明確になります。ユーザーは「今の自分とのギャップを感じることなく」、すんなりと実績を受け入れてくれるようになります。300万円と1億円のギャップが出て、さらに訴求力が増します。

　このように、たったひと言を加えるだけで、ガラッとその実績に対する印象が変わります。

　ただし、何でもひと言を加えることが正解ではないことを、ご承知おきください。

　あくまでも目的は、実績を見せる際に、ユーザーがギャップを感じることがないように表現を工夫することですので。そこを意識した上で、実績を活用してみてください。

「迷ったらここに来てね」という場所をつくる
──「迷子相談所」の法則

　皆さんのサイトは、どのくらいわかりやすい表現で書いていますか？

　そんな質問をしたあとに、残酷なお知らせになってしまい恐縮ですが、どれほどわかりやすい表現でコンテンツや説明文を書いたとしても、サイトに来るユーザーにとっては初見の内容も多いので、わからないことがあります。

　よくあるのは、部署名です。

　外資系の企業などは、どうしても横文字になってしまうことが多く、目当てのサービスと部署名が一致せず、ユーザーはどこに問い合わせをすればいいのか迷ってしまいます。

　これに気がついたのも、まさに外資系企業のサイト制作のときで

した。

　今までお伝えしてきたノウハウを活用し、サイトをリニューアルしたのですが、思った以上のお問い合わせが来ませんでした。

　業界でもトップシェアを誇る会社なので、リニューアルをしたら、確実にお問い合わせが増えると考えていた目論見が見事に外れてしまいました。

　そこで、もう一度サイトを見直して、変更点を探ったところ、まさに、先ほどの「目当てのサービスと部署名が一致せず、どこに問い合わせをすればいいのか迷子」になっていたことに気がつきました。

　そこで、私が取った対策はたった1つです。

「どこに電話をかけていいのかわからない場合は、ココに電話してください」とお問い合わせの電話番号をお問い合わせへの導線の中に入れました。

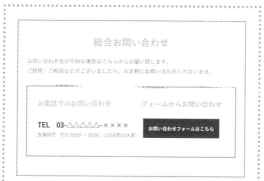

迷ったときのことを書くだけで、劇的に改善！

　すると、その作戦が見事にハマり、お問い合わせ数は実質14倍になりました。

　お問い合わせ数が14倍になったのは、当然、クライアントの企業努力があり、トップシェアであったことが大きな要因ですが、それにしても、電話番号1つ記載しただけで、これほどの違いが出る

ことに私自身驚きました。

このように、自分たちにとって当たり前のことも、ユーザーにとっては初見で馴染みのないものが多いことを意識して、**迷子になりそうなタイミングで、迷子相談所的な電話番号や解説ページへの誘導をおすすめ**します。

先ほどの例は電話番号でしたが、例えば、買い物の仕方が特殊なオンラインショッピングサイトなどでも、この「迷子相談所の法則」は有効です。

自分でサイズを測る必要があるサイトなどは、それがわかった時点で若干雲行きが怪しくなってきます。

馴染みのないものは離脱しがちなわけですから、「測ったことがないものを測る」という手間は、ユーザーにとっては相当のストレスになるでしょう。

そんなときに、迷子相談所的な場所を設けておきます。

勘のいい人ならおわかりのように、サイズの測り方ガイドへの導線を設置するのは有効です。

さらにプラスして、一度測ることを中断したとしても、再度同じ場所から始められるような機能があると、とてもいいでしょう。一度に全部を行なうことでストレスを感じている可能性も大いにあるので、そこを軽減し、少しでも楽に申し込みができるようなアイデアです。

いずれの場合でも、初見で馴染みのないユーザーにとって、「迷ったらここを見ればいいんだ」と思ってもらえる安心な場所を用意しておくのはとても有効です。

良い記事でなくてもサイトを回遊させられる コンテンツ配置 ──「避難所」の法則

　今回のような見出しにすると、良い記事を書く必要はないのかと誤解されそうですが、もちろん良い記事のほうが絶対いいので、そこは勘違いしないでください。

　では、なぜこのような法則を考えたかというと、自分自身が良い記事だと思っていても、お客様にとってはそう思えないケースがあるからです。

　それを踏まえると、自分が良い記事だと思うかどうかは別として、この法則を知って、サイトを回遊してもらえるようにするのが得策だと思います。

　皆さんも、ネット上で何か気になる記事を見つけてそれを読み始め、途中まで読み進めたものの、思ったほど興味を引く内容ではなかったといった経験はありませんか？

　結局、読んでみたものの、これ違うなぁと思い、ページを離れることもあるでしょう。

　そうなってしまうのは、たいていの場合、記事内容に問題がフォーカスされてしまうのですが、よくよく考えると、毎回毎回ベストセラー作家ばりのいい文章が書けるはずはありません。

　ですので、文章のクオリティを考えるよりも、そこそこの文章でも回遊してもらったほうが、結局は皆さんにとっても、ユーザーにとってもいいはずなんです（文章のクオリティが低くてもいいということではなく、そこに時間を費やしすぎるよりも、回遊率に目を向けたほうがいいという話です。文章がうまくなるための努力は必要ですので、あしからず）。

　では、どうすればいいのか？

　まず、**1つの記事を長い文章にせず、短く分割する**ことです。

移動中に見るには、長い文章は不向きです。同じ内容でも分割するほうが集中力が持続し、ユーザーも途中で頭を休められるので、結果、全部を読んでもらえる確率が上がります。

　ちなみに、**分割する際は、同じタイトルで末尾に番号を振る**といいでしょう。

「スキなものを食べながら、ダイエットする方法①」

「スキなものを食べながら、ダイエットする方法②」

「スキなものを食べながら、ダイエットする方法③」

といった具合です。

　当然、つながりがあるわけなので、それぞれの記事の最後を工夫して、次につなげられるようにすることも重要です。

　よくニュースサイトで、次の図のような部分を見かけませんか？

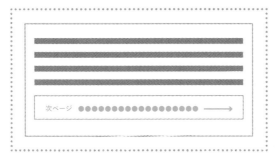

次ページ ●●●●●●●●●●●●●●●● ⟶

ニュースサイトでよく見る次ページへの導線。

　これは、ニュースサイトは広告で成り立っているので、より多くのPVを稼ぎ、かつ広告を目にする機会を増やすためと言われています。

　また、「SEO的にはあまり意味がない」などと言われますが、あくまでもここはユーザーのことを考える場ですので、そこには深く言及しません。

　仮に多少SEO的に弱かったとしても、確実にコンバージョンできるのであれば、SEOが強いところよりも価値が高いと私は考えています。

　このように、若干ネガティブなとらえられ方もしていますが、そもそも情報がありふれすぎている現代において、集中を邪魔するものがたくさんあります。それならば、**短いコンテンツで区切って見せ続けるほうが理にかなっている**と思います。

　さらにもう1つ。それは先のコンテンツの下に、**このような関連記事を配置してください。**

　繰り返しお伝えしているとおり、思ったほど読みたい内容ではなかったとわかるとすぐに離脱されるので、その予防策として配置します。

　ここに配置する理由は、**「さっきの文章はもしかしたら、お口に合わなかったかもしれませんが、こちらなら合うかと思います」**というちょっとしたアピールです。

　こんなイメージです。

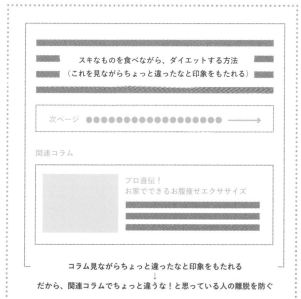

スキなものを食べながら、ダイエットする方法
（これを見ながらちょっと違ったなと印象をもたれる）

次ページ　●●●●●●●●●●●●●●●　⟶

関連コラム

プロ直伝！
お家でできるお腹痩せエクササイズ

コラム見ながらちょっと違ったなと印象をもたれる

だから、関連コラムでちょっと違うな！と思っている人の離脱を防ぐ

関連記事を配置して、
離脱を防ぐ！

「スキなものを食べながら、ダイエットする方法①」の下に「プロ直伝！　お家でできるお腹痩せエクササイズ」を配置します。

「スキなものを食べながら、ダイエットする方法①」を見て、ちょっと違うと思う理由を考えてみます。

「そんな都合の良い方法はやっぱり怪しい」
「実は知っている内容だった」
「具体的に痩せたい箇所があることを思い出して、その方法も気になり出した」

　などが考えられます。このような理由が湧き出たとき、視界に「プロ直伝！　お家でできるお腹痩せエクササイズ」が飛び込んでくると、「これかもしれない！」と思い、クリックしてくれる可能性が高まります。

　先ほどお伝えしたように「こちらならお口に合うかもしれませんよ！」というコンテンツを置いておくことで、ユーザーはそこをクリックしてくれます。さらに、この動きに慣れてくれれば、今後もしコンテンツが良い記事でなかった場合でも、「ページ下段に行けば、何かあるかも」と思ってもらえ、自ら回遊してくれるようになるのです。
　もちろん、いきなり下段に配置した「プロ直伝！　お家でできるお腹痩せエクササイズ」という関連記事が完璧にハマらないかもしれません。
　しかし、テストを繰り返し行なっていくことで、「○▲系の記事の下には、■△関連の記事を置くほうが良い」という法則が見えてくるはずです。ぜひ試してみてください。

お問い合わせをアップする簡単な方法
──「競走馬」の法則

　ここでは、簡単にお問い合わせをアップできる「競走馬の法則」についてお伝えします。

　では、自社WEBサイトの「お問い合わせフォーム」を開いてください。

　まずご覧いただきたいのは、お問い合わせフォームの上と下です。いわゆるヘッダーとフッターの部分ですね。

　今のお問い合わせフォームにヘッダーとフッターがありませんか?

　あるという方は、直ちにヘッダーとフッターを消してください。

「競走馬の法則」を使ったお問い合わせフォーム。

　まずはこれだけです。拍子抜けするかもしれませんが、これだけで効果があります(すでにヘッダー・フッターがないという方はそ

のままで結構です。あとは、なぜなのかという本質を理解してください)。

　なぜお問い合わせフォームにヘッダー・フッターが不要なのか？

　これもユーザー心理が大きくかかわってきます。わかりやすいように、少し想像してみてください。

　あなたはユーザーとして、今お問い合わせをしようとしています。

　お問い合わせフォームに質問事項を記入する欄があります。初めて問い合わせをする商品のため、商品名など細かいことは曖昧です。頭の中では、商品名もきちんと書いておかないと正確に回答してもらえないのではないかと若干不安に思っています。

　そんなタイミングで、ヘッダーの「商品について」というメニューが目に入りました。

　すると、どうなるでしょう？

　つい「商品について」というメニューをクリックするのではないでしょうか？　「商品名もきちんと書いておかないと、正確に回答してもらえないのではないか」と若干不安があるので、当然そういう行動をしますよね。

　そうなると、この先はだいたい予測がつきます。

　商品についてのページを見ているときに、「電話が鳴る」「FacebookやLINEでメッセージが来る」「誰かに話しかけられる」「移動中にスマホの電波が途切れる」「面倒くさくなる」……などなど。

　その結果、お問い合わせすることを忘れる。

　こんなことが起きていたら、とてももったいないと思いませんか？

　しかし、今のお問い合わせフォームでは、これが実際に起きています。せっかく苦労してお問い合わせフォームに誘導しても、最後の最後で他の部分が視界に入る状態をわざわざつくってしまってい

るのです。これでは、問い合わせをしてほしくないと言っているようなものです。

　お問い合わせフォームの目的は、お問い合わせしてもらうことです。ですので、その目的に集中してもらう必要があります。

　競走馬は、視界が広いため、目隠しをします。そうしないと、いろんなものが視界に入ってしまって、気が散り、速く走れないからです。目隠しをすることにより、前方にだけ集中する環境をつくっているのです。

　その競走馬の原理とWEBサイトのお問い合わせフォームも同じです。何よりも、**お問い合わせに集中できる環境を整えてあげる**ことが大切です。それだけでOKなのです。

　お問い合わせ以外の部分が視界に入り、問い合わせるという行動から集中が逸れないようにする──。

　この修正だけで、今までお問い合わせフォームで離脱してしまっていた方が、きちんと問い合わせをしてくれるようになるはずです。

　さらに、お問い合わせを増やすためのとっておきの策をもう1つお伝えします。

　再度、皆さんの自社WEBサイトのお問い合わせフォームを開いてください。

　おそらく、多くは「個人情報入力エリア」と「質問事項などの入力エリア」に分かれているのではないかと思います。

　チェックしてほしいのは、その2つのエリアの順番です。「個人情報入力エリア」がお問い合わせの一番上にきていませんか？そうなっている方は、すみやかに順番を入れ替えてください。

　ユーザーが安心して問い合わせができるフォームの順番は次のとおりです。

【お問い合わせフォームの順番】

❶「質問事項などの入力エリア」

❷「個人情報入力エリア」

です。

お問い合わせフォームの順番

01　質問やお問い合わせ内容入力エリア
まず、質問内容やお問い合わせ内容入力エリアなど、
ユーザーが考えて書かなくてはならない項目をもってくる

02　個人情報入力エリア
その次に、ユーザーの個人情報
（お名前・住所・電話番号・メールアドレスなど）の項目を配置する

「競走馬の法則」
のまとめ。大切な
のは順番！

なぜこの順番がいいのか？

個人情報は忘れないものですが、質問事項などは簡単に忘れてしまうからです。個人情報を入力している間に質問事項を忘れてしまっては、そもそも問い合わせなどできませんから。

ですので、忘れてしまう可能性が高いものを先に入力してもらい、問い合わせをしてもらいやすくするわけです。

【お問い合わせフォームの順番】

●ヘッダー・フッターをなくす。

●お問い合わせ項目の順番を変える。

これもユーザー心理から逆算して考えると、とても大切な要素だとご理解いただけたと思います。今開いているお問い合わせフォームは閉じずに、さっそく試してみてください。

顧客に努力させる
──「宝探し、ディテクティブデザイヤー」の法則

　皆さんは、レイアウトがお客様の行動や心理にどれくらい影響を及ぼしていると思いますか？

　ご存じの方もいると思いますが、特にリアル店舗のディスプレイやレイアウトには、心理的な効果を考慮してつくられているものが多くあります。

　例えば、スーパーでは、入り口近くに果物が置いてあります。きれいな色の果物を見ると、季節感を感じたり、新鮮さを感じたりして、購買意欲を向上させる効果があるからです。

　それ以外には、メンズのスーツのお店。入り口近くには、たいていネクタイなど比較的安価なものが置いてあるでしょう。

　これもまた、まずは手にとってもらいやすいものを置くことにより入店促進の効果があるからだと言われています。

　また、古着屋さんは、あまり整然と洋服を置かないほうが売上が上がると言われています。それは、ユーザーが古着を探しながらも宝探しをしている感覚で楽しんでいるからだそうです。

　このように、ただ置いてあるように思われる商品も、ユーザーの心理的効果を考慮してつくられているから、実際に効果があるのです。

　このレイアウトの心理的効果はＷＥＢサイトにも、十分応用できます。

　理路整然とコンテンツを配置しても、下が見通しやすく、おもしろみがないため、すーっとスクロールされてしまい、何も目に止めてもらえません。

　そうならないように、コンテンツをあえてアシンメトリーにしたり、

コンテンツごとにレイアウトを変えたりすることにより、先ほどの古着屋さんの例のように、ちょっとした宝探し感が生まれます。

　具体的には、こんな感じです。

理路整然と商品情報等のコンテンツを並べる　　　　左右非対称など、コンテンツレイアウトに工夫をする

レイアウトに工夫をするだけで、ユーザーの行動が変わる。

　理路整然と並べていると、本当に下まで見通せて、自分にとっておもしろそうなコンテンツがあるかどうかが、すぐにわかってしまいます。

　そうなるとスクロールせずに、離脱するわけですね。

　それとは逆に、**ちょっとレイアウトに変化をつけるだけで、下が見通せないので続きが見たくなるため、ついついスクロールしてしまいます**（テレビCMで見かける「続きはWEBで」の効果＝ツァイガルニク効果と似ていますね）。

　また、レイアウトに変化をつけておくことにより、目線を止める効果もあります。

　上から下までまったく同じレイアウトだと、どうしてもスクロールしていてスルーされやすいのですが、このように変化をつけておくと、スクロールしている最中でも、気になって止まるようになり

ます。

　このようにリアルな店舗で実証済みの心理効果をWEBに応用して、ちょっとした宝探し感をサイトの中に持たせるだけで、意外なほど効果が実感できます。

　もちろん過度にレイアウトを複雑にしてしまうのはNGですので、ご注意ください。

関係ない業界からの意見が最強
——「異業種フレーム転用」の法則

　先ほどユーザーの馴染みのあるサイトの配色などを参考にするとお伝えしました。

　今回お伝えする法則は、一見その内容と矛盾するようにも見えますが、あくまでデザインの詳細の話ではなく、**レイアウトや仕掛けを異業種から取り入れると効果がある**という話です。

　例えば、顧客に努力させるという「宝探し、ディテクティブデザイヤーの法則」は、アパレル等での活用が思いつきますし、そのようなレイアウトになっているサイトはたくさんあります。

　このレイアウトを、あえてかっちりしたニュースサイトでも取り入れてみる。これが、今回お伝えしたい「異業種フレーム転用の法則」です。

　もちろんやりすぎはいけませんが、うまくレイアウトに変化をもたせることで、ありがちなニュースサイトのように記事が縦並び（もしくは横並び）に整然と並んでいるものとは違うサイトができあがります。

　異業種フレームを取り入れる、転用することで、視線が止まりやすくなり、記事のPV数や回遊率が高まる可能性が出てきます。

他にもあります。

　私が制作するＥＣサイトでは、**買い物途中の状態で保存ができる機能をつける**ことがよくあります。

　何らかの理由で途中で買い物が止まっている方に、買い物かごに入れた状態で保存をしてもらう機能です。一定時間、その人が取り置きした状態になるので、買い物かごからの離脱率が高い場合はとてもおすすめの機能です。

　さらに、この機能をまったく違うジャンルのサイトでも応用しています。その対象商品は、**とても簡単で１人では決められない商品**です。

　誰かと相談して決めるもの（例えば旅行、結婚式、プレゼントなど）は、いったん良いと思っても、意見を聞く必要があります。

　そこに保存機能をつけて、自分が良いと思った情報や商品をすぐに相手に見せることができ、相談しやすい状態をつくるのです。

　さらに、**保存後数時間すると、リマンドのメールが飛ぶようにしておけば、保存したことを忘れることなく、サイトに再訪問していただける**のでより効果的です。

　このように、一度効果があった機能やレイアウトは、その業種やジャンルでしか使えないわけではなく、応用が利くものが多いのです。

　ですので、今まで効果があった機能などをもう一度思い出して、それが他でも応用できないか検証してみることをおすすめします。

> ## 過度な親切心は逆効果を生む──「ツンデレ」の法則

　まずは、次のイラストをご覧ください。

タイトルがすべて
表示された例。

タイトルがすべて表記されています。

逆にこのイラストはどうでしょう?

タイトルがすべて表記されていない。
続きが気になる心理を活用する!

続きが気になって
しまうタイトル表
記の例。

お気づきのように、タイトルがすべて表記されていませんよね。

どちらのほうが、クリックしたくなりますか?(または、記事内
容が気になりますか?)

多くの人が気になるのは、おそらくタイトルをすべて書いていな
いほうでしょう。

同じコラムのレイアウトで、同じタイトルを用いても設計次第で
はこのような違いを生むのです。タイトルをすべて見ているので、
本文が何となくイメージされてしまい、クリックされないのです。

丁寧にきれいにつくろうという意識が強すぎると、タイトルをす
べて掲載してしまいそうですが、結果としてクリックされず、記事
の価値が発揮できません。

ならば、**すべてを見せないほうがクリックされて、本文を読んで
もらいやすくしましょう。**

これは、本書でも何度かお話ししている「ツァイガルニク効果」を利用しています。この他にも、

◎資料請求を促すために、資料の一部を公開しておく。
◎メルマガ登録を促すために、メルマガ記事の一部を公開（できれば、1記事全部を見せないで、記事の半分ほどを見せる）。

などなど、いろんな活用方法があります。ぜひ皆さんも自分なりの「ツンデレの法則」を見つけてみてください。

本音が飛び出す質問方法
──「付き合いはじめのカップル」の法則

この法則は、主に制作側にいる方や営業などでヒアリングをする方にお伝えしたい内容です。

カップルの付き合いはじめの段階は、相手のことがすべてわかっているわけではありませんよね？

最近はSNSで相手がどんな投稿をしているか見られるので、そこから性格や普段の生活を垣間見ることはできるとは思います。

しかし、それだけではわからないこともたくさんあるでしょう。

そんなとき、皆さんならどうしますか？

私なら、たくさん質問します。

「質問」というと若干業務的ですが、感覚的には気になるし、知りたいから聞くという感じです。

仕事上の質問にも、この感覚が非常に大事だと考えています。

相手は生身の人間ですので、事務的に聞かれているのか、本当に興味を持って聞いてくれているのかは、話していくうちにわかります。

　ちなみに、サイトをつくるときに、私はホームページやパンフレットに載っていることはあまり質問しません。

　それは、付き合う場合で言えば、SNSに載せているプロフィール欄のことを聞いているのと同じなので、読めばわかる内容だからです。

　さらに言うと、書いてある内容には、さほど興味がないからです。そこではなく、私は、**「なぜその情報を載せたのか」**に興味があります。

　ちなみに、好きな相手だったら、なぜその内容を投稿したか気になりませんか？　ビジネスにおいても、その感覚は重要だと私は考えています。

　読めばわかる内容を質問しても、あまり話が展開しないし、本音を引き出すのに時間がかかりすぎます。

　ですので、私がサイト制作をお引き受けする際、まずは**「ホームページに本当は載せたかったけれど、載せていない内容は何ですか？」**といった質問をしていきます。

　載せていないものがあれば、その内容や理由も引き出せますし、すべて載せているのであれば、情報を整理する部分は優先順位が低く、他の優先順位が高い事項があるとわかります。

　見てわかる情報を質問しても、そこからの展開はたかが知れていますが、見えていない情報を引き出すことで、本音が見えてきます。

　ビジネスでのヒアリングでも、付き合いはじめの頃のように「気になるし、知りたいから聞く」という姿勢で臨むと相手の本音を引き出しやすくなります。そのコツは、**「見えていない情報を引き出す質問」**をするということです。

　サイト制作会社では、どうしても制作物に直結するような質問が多くなり、このような切り口で質問することが少ないようです。

制作会社の方は、他社との差別化にもつながると思いますので、ぜひ活用してみてください。

矛盾を見つける論理的思考──「名探偵」の法則

探偵・刑事もののドラマや映画で、探偵や刑事が容疑者のところに行った帰り際に、「あっ！　それともう１点、聞き忘れたことがありました。昨日の夜は何をされていましたか？」という質問をするシーンを見かけたことがあるでしょう。

あれは、相手が完全に油断しているところに質問をすることで、矛盾を見つけて、核心に迫っていくことが目的です。

今回お伝えする法則は、相手の矛盾に気がつくことがとても大事だというものです。しかも、話をしている相手も結構な確率で自分の発言の矛盾に気づいていないので、お互いの頭を整理する意味でも、この「矛盾に気がつく」ことはとても重要です。

では、どうしたら気がつくのか？
それは、「同じ系統の質問を２回する」です。
例を挙げながら説明します。

例えば、サイトのリニューアルをしたいということで、ヒアリングを行ったとします。

ヒアリングの冒頭で、「今回のリニューアルの目的は何でしょうか？」という質問から目的を引き出します。

そのときの目的が、「売上アップ」だったとします。

ちなみに、「古くなったから」という回答は多いのですが、そこで「はい、そうですか」で終わるのではなく、「古くなったからどんな弊害が出ているか」を聞けば、売上が上がらないとか、認知されて

いないとか、取引先に見せて恥ずかしくないサイトにしたい等の深い回答が得られますよ。

　話を戻します。そして、終盤にもう一度、同じ系統の質問をします。
　私がよく使うのは、**「今回のリニューアルは、どうなったら成功と言えますか?」**という質問です。
　まったく同じ質問ではなく、同じ系統と言ったのは、このように質問に変化をつけるからです。
　まったく同じ質問では、しつこく感じられてしまい、本当の話が聞けなくなる危険性があるので、できる限り切り口を変えて同じ系統の質問をします。
　すると、順当にいけば、「売上アップ」に関する回答が出てくるはずです。ところが、「認知度が上がれば、成功と言えます!」というように、はじめに聞いた回答と矛盾する回答が出てくる場合があります。
「売上アップ」と「認知度アップ」は、似ているようですが、まったく違います。なぜなら、認知度がアップすれば、売上が上がらなくても成功という判断にもなり、売上が上がれば、認知度が上がらなくても成功という判断にもなるからです。
　このようにまったく別物なのですが、この回答の矛盾が出てくるということは、次の3つの疑問が湧いてきます。

　①そもそも、目的が定まっていないのか?
　②売上アップと認知度アップをイコールだと思っているのか?
　③売上も認知度も両方アップしたいのか?

そんなときは、シンプルに(当然失礼にならないように)、「はじ

めは売上アップとお話しされていて、今は目的を認知度アップとおっしゃいました。矛盾しているように思うのですが、いかがでしょうか？」と質問してみます。

すると、先の3つの疑問のどれかに該当する答えが出てくるはずです。

このように、**「同じ系統の質問を2回する」ことで、矛盾が見つけられて、お互いの頭の中が整理されていく**と思います。

これは、あなたが会社のWEBサイト担当者で、社長や上司から「サイトをリニューアルしたいんだけど」と言われたときに、社長や上司と目的や意図、方向性などをすり合わせる際にも使えるテクニックです。

なお、誤解のないように申し上げますが、あくまでも、矛盾をついて相手をマウントすることが目的ではなく、**矛盾から生じる不利益（目的の勘違い）を防ぐための法則**です。

そして、「同じ系統の質問を2回する」以外にも、ヒアリング中に、矛盾を感じた場合は、きちんと立ち止まって整理していくことをおすすめします。

あくまでも協力して、同じ目的に進んでいくことが大切なので。

良い制作会社を見分ける3つの問い──「鎮痛剤」の法則

「良い制作会社をどのように見分ければいいのかわからない」というご相談をいただきます。

それだけ、見分けるのは難しいということだと思いますので、私の考える良い制作会社を見分けるためのポイントをご紹介します。

以下の3つの要注意ポイントを意識しながら、見分けることをおすすめします。

①考える仕事をすべて発注者に丸投げする会社

この法則を「鎮痛剤の法則」と名付けた理由は、ここにあります。

例えば、制作会社とのお打ち合わせで、いきなり、

「サイトのページ数は何ページにしますか？」

「配色は何にしますか？」

などと聞いてくる会社がいたら、あまりおすすめできません。

というのも、何ページにするかが大切なのではなく、サイトをつくる目的があって、それに見合うページは何ページあるという流れがあるべき姿だからです。

にもかかわらず、いきなり

「サイトのページ数は何ページにしますか？」

「配色は何にしますか？」

と聞いてくるのは、たとえて言うと、風邪を引いて病院に行ったときに、お医者さんに「バファリンにしますか？　ロキソニンにしますか？」と言われているようなものです。

「そんなこと私に言われても、専門家なんだから、あなたが決めることでしょ」と思ってしまいます。

だから、「鎮痛剤の法則」と名付けたのです。

制作というジャンルにおいての専門家なわけですから、やはり**「目的を理解して提案する」というスタンスでなければいけない**と思います。

②「何でもできる！」とアピールしてくる会社

「何でもできる！」という制作会社の大半は、際立った強みがないケースが多いものです。

全体的に自信がないので、「何でもできる！」と言ってしまうことが多いように感じます。

「これができます（得意です）！」と、強みをはっきり主張できる制作会社に依頼したほうが、結果的にスムーズに仕事が進むはずです。

　なぜなら、得意不得意がはっきりしているほうが、依頼するほうも楽だからです。

「何でもできます！」と言う制作会社より「これができます（得意です）！」とはっきり言い切れる制作会社と仕事をすることをおすすめします。

❸極端に安い見積りを出してくる会社

　これは誤解しやすいポイントなのですが、決して安いことがNGだと言うことではありません。**安い理由がきちんとして、その理由に納得できれば問題ない**と思います。

　しかし、**問題なのは、理由があやふやである場合**です。

　例えば、テンプレートを使用するかどうかあやふやで、担当者の話では、テンプレートを使用しないと受け取れる話をしていたのに、できあがったらテンプレートみたいなデザインだったなどが起こりえます。

　そもそも、サイト制作は工数がかかるので、安い＝工数が少ないということになります。

　つまり、どこかで工数を削らない限りは、その見積りは成り立たなくなるのです。

　ですので、極端に安い見積りには気をつけて判断するといいでしょう。

第**4**章

超実践！
自社サイトの課題と
解決策の見つけ方

ペルソナ設計新メソッド「ピョン吉の法則」の実践活用例

第3章で、「ピョン吉の法則」というペルソナ設計の新メソッドをご紹介しました。

簡単に振り返ると、この法則は、

- **ステップ❶** 基本のペルソナをつくる
- **ステップ❷** ペルソナの心理を知る
- **ステップ❸** ペルソナの心理を深掘りする
- **ステップ❹** ペルソナの不安を知る
- **ステップ❺** ペルソナの不安の解決方法を探る

というユーザー心理に踏み込んで考えることにより、単なる二次元だったペルソナに心が加わり、その結果、今までのペルソナ設計では見えてこなかった対応策や、コンテンツアイデアなどが自然と出てくるようになる。そして、サイト制作の本来の目的（売上アップやお問い合わせ増加）を達成しやすくなるという法則です。

ここでは、この5つのステップにしたがって、私が実際のサイト制作にどのように活用したのかという事例を、ポイントを絞ってご紹介したいと思います。

＊

活用事例❶ ヴィンテージのデニムなどを扱う古着屋さん

ポイント

ヴィンテージアイテムを購入するお客様は、長い時間そのアイテムを探しているケースがある。

やっと商品を見つけたら、うれしい反面、他のお客様に購入されてしまうのではないかという不安もある（ステップ3：ペルソナの心理を深掘りする／ステップ4：ペルソナの不安を知る）。

「一刻も早く自分のものにしたい」「クレジットカードを入力している時間も惜しい」と思うので、電話をかけて取り置きができるなら、そうしたい（ステップ5：ペルソナの不安の解決方法を探る）。

そこで、買い物かごの上部に取り扱い店舗の電話番号を掲載し、電話での取り置きがすぐにできるようにした。

解説

一点もので長く探していたアイテムが見つかったときの喜びと同時に、「他の人に買われたくない」「どうしても自分のものにしたい」という感情を見越して、セオリーに反して、**電話番号を買い物かご上部に設置**しました。結果として、リニューアル前よりも10倍近い売上アップになっています。

古着屋さんのサイトデザイン。

活用事例❷ 外資系企業

ポイント

　M＆Aを何度か行なって、業界シェアも高い外資系企業である。

　名前を知り、大手企業であることから問い合わせをしてくるケースも多い（ステップ２：ペルソナの心理を知る）。

　特殊な業界であるため、問い合わせをしないと自身のビジネスに影響が出るが、自分自身には知識がなく、どのようにすればいいか見当がついていない状態である（ステップ２：ペルソナの心理を知る）。

　そのため、安心できる企業に問い合わせをし、現状の問題を解決したいと思っている。

　しかし、自分自身に知識がない上、外資系企業に多い部署名のわかりにくさが重なって、問い合わせ先がわからず、離脱してしまっていた（ステップ３：ペルソナの心理を深掘りする／ステップ４：ペルソナの不安を知る）。

　そこで、「どこに問い合わせをすればいいのかわからない場合は、ここに連絡をしてください」という明確な誘導を行ない（ステップ５：ペルソナの不安の解決方法を探る）、その結果、お問い合わせ数が14倍になった。

解説

　ユーザー自身に知識はないが、業務上どうしてもそのサービスが必要になっているので、「安心して任せられる企業である」という印象づけが重要だと考え、シェア率の高さを必要以上にアピールすることなく、「敷居が高くないこと」をデザインも含め、表現しました。

　また、ユーザー自身、問い合わせをする内容に理解が浅いため、サービスを細かく書きすぎても理解できず、離脱してしまうので、

シンプルなコンテンツ構成にし、お問い合わせへの導線を多く設計しました。

　さらに深堀りして、ユーザーのサービスに対する理解度から、お問い合わせ先がどこになるのかの判断もすぐにはできないと予想し、**「迷ったらココに連絡するように」**という明確な誘導が功を奏し、お問い合わせを増やすことができました。

活用事例❸ レディースアクセサリーブランドのサイト

ポイント

「ブランドイメージ・メッセージが明確になっていない」ということから、サイトリニューアルを実施。

　対象になるユーザーは20代女性であり、まずサイトで見たいのは、商品であることから、コレクションページへ誘導しやすいように設計（ステップ2：ペルソナの心理を知る）。

　また、ユーザーが見たいと思うのは、商品と同時に、「その

レディースアクセサリーブランドのサイトデザイン（※2020年4月まで上記デザイン）。

商品をどんな洋服に合わせるとかわいいのか」など、アクセサリーを含めたトータルコーディネートであるため、インスタグラムの写真を商品単体ではなく、アクセサリを意識したコーディネート写真に変更（ステップ3：ペルソナの心理を深掘りする／ステップ4：ペルソナの不安を知る）。

　また、リニューアルのゴールとして、お客様がサイトを見た上で来店するなど、「サイトを通しての来店促進」があった。夕方、仕事帰りに店舗を検索し、すぐにも来店ができるように、自分が今いる場所から店舗までの道順が表示されるように設計。道に迷いやすいお客様でもスムーズに来店できるように設計（ステップ4：ペルソナの不安を知る／ステップ5：ペルソナの不安の解決方法を探る）。結果、リニューアル3カ月で売上1.5倍になっている。

◣ 解説 ◥

　一番のポイントは、**商品を見たいというユーザーの心理に寄り添った導線設計**を施した点です。

　ただし、それだけではなく、商品が見たくなるような企画を頻繁に打っているので、**商品を見せる前に、さまざまなキャンペーンのイメージ画像を見せる**ことにより、ワクワク感が増すように設計しました。
「商品が見たい」という欲求が叶ったあとは、「どのようにコーディネートするか」という疑問が出てくるので、その疑問をすばやく解決できるように、インスタグラムの投稿内容をサイト内に表示し、その投稿内容にも工夫を凝らしました。

＊

　読み進めている中でおわかりになったかと思いますが、「何色にした」「何ページにした」という話はいっさいしていません。

　ユーザー心理に沿った設計をしていくと、そのような内容は二の次で、それよりもユーザーの不安や欲求に寄り添うことがなによりも重要だからです。

　当然、クオリティが高いことは前提ですが、WEBサイトであっても、「デザイン以上に大切な要素がある」ことを理解していただき、そこを徹底して考えることがサイトの飛躍につながるととらえてください。

▶ 想像力不要！
この質問に答えれば、流入時のユーザー心理が丸わかり

　あなたの会社では、サイト上でどのような商品を扱っていますか？
　コンプレックスを解消するような商材でしょうか？
　ファッション系のアイテムでしょうか？
　食品でしょうか？
　いろんなジャンルのアイテムがあると思いますが、あなたの会社が扱っていて、サイト上で販売しているということは、何かしらの特徴、他社にはない強みがあると思います。
　ですので、まずはこの質問に答えてみてください。

> **質問**
> **皆さんの商品の特徴は何でしょうか？**

　これは、想像力は不要だと思います。
　例えば、コンプレックス解消系の商材であれば、「無理なくお腹まわりの脂肪が落とせる」「1日わずか5分の運動だけでいい！」、ファッション系のアイテムであれば、「美脚効果」「着痩せ効果」「コーディネートを考えずともおしゃれに見えちゃう」などなど、特徴、

強みがあるでしょう。

　その強みをしっかりと認識してください。その上で、次の話を聞いてください。

実は、サイトを訪れるユーザーは、あなたの会社の商品の強みを疑っています。

　これを聞いてどう思いますか？
　「それはそうだよね！」と思いますか？　それとも、そんなことはないと思いますか？
　いずれにしても、これは事実です。
　疑っていなかったら、流入したユーザーのほとんどが購入したはずです。
　「価格が合わなかったから買っていないだけで、疑ったとは言いにくい」という反論も聞こえてきそうですが……。価格が合わない＝ユーザーが想定していた価値と見合っていない（もしくは疑ったから）と判断したから、買っていないのです。
　つまり、どのサイトであっても、**ユーザーに共通する心理とは、「あなたのサービス・商品の特徴を疑っている」**ということになります。
　決してダメな商品を扱っていると言っているのではありません。このように疑ってかかれば、何をすべきかが見えてきませんか？
　そうです。その疑惑を晴らすことにまずは専念していくことが大事なのです。
　前の章でも「実績をアピールしすぎると、逆効果である」という話をしましたが、程度の差はあれど、疑っている人にいきなりアピールしまくっても、引かれてしまうだけです。
　それがわかれば、あとはさほど難しくありません。
　疑いを晴らして、ユーザーが安心できるような材料を用意し、そ

<u>れをわかりやすく表現するだけ</u>ですから。

▶ 正しく問題を把握すれば、解決策は簡単に出てくる

　これはサイトに限った話ではないので、釈迦に説法ではありますが、問題を正しく把握すれば、解決策は出てくるものです。

　「商品が高いという理由で、購入しない人が多い」のであれば、解決策は「安くする」ではありませんよね？

　では、「高い理由を説明する」でしょうか？

　それも正解ですが、すべてではないでしょう。

　なぜなら、高い理由はこちらの都合、考えであって、ユーザーが高いと思う理由を理解していなければ、この説明に納得感は得られないでしょう。

　解決策は、**「ユーザーが高いと思う理由を理解する」**が先にくるべきです。その上で、この商品が高い理由を納得できるように説明することが大切なのです。

　今まで、皆さんは、高い理由を説明しようとばかりしていませんでしたか？

　その前に、「ユーザーがなぜそう思うのか？」「その要因は何か？」を把握してみてください。

　そこが見えてきたとき、解決策は意外と簡単に出てくると思います。

▶ 解決策の優先順位のつけ方

　解決策が出てきたところで、一気にすべて行なうことが現実的に難しい場合もあるでしょう。予算や人員の関係などがあり、優先順

位をつける必要が出てくるのは当然といえば当然です

　では、**その解決策に、「どのような視点で優先順位をつけていくか」**
がこれまた重要です。

　優先順位を間違うと、工数ばかりかかって、結果が出ないという
状況になりかねませんので。

　ここで、私のおすすの優先順位の付け方をご紹介します。

　もちろんこれがすべてではありませんが、結果は出やすいと思い
ますので、参考にしてみてください。

　その優先順位のつけ方とは、

「ゴールに近いものから手をつける」

です。

　例えば、「お問い合わせを増やしたい」という目標があります。

　その場合のゴールは、当然、お問い合わせ完了です。

　ということは、ゴールの一歩前には、「お問い合わせフォーム」が
あるわけです。

　つまり、この場合は、「お問い合わせフォーム」の改善から手をつ
けていくほうがいいです。

　逆に、ゴールから遠いものから手をつけたとしましょう。

　ゴールから一番遠いのは、流入してきたページです。「TOPペー
ジ」等になりますね。

　もしTOPページから改善したとしても、その途中にも課題があ
るわけですから、せっかくTOPページからアクセスを流しても、
途中で離脱していることには変わりません。

　ですので、どのみち全部できないのであれば、ゴールに近いほう
から手をつけ対応していくほうが、効率良く結果を出すことがで
きます。ぜひ参考にしてみてください。

第5章

デザインに
心理トリックを取り入れて、
0円でファンを殺到させる
—— 逆算式マーケティングデザイン

デザインする前の論理的思考

ここではデザインを始めるまでに大切な思考をお伝えします。

家を建てる場合には、建て始めるときに、まずは設計図を描き、そこから建てていきます。

デザインも同じで、始める前の準備が大切です。そこをないがしろにしてしまうと、結果として良いデザインはできません。

準備の流れは、次のとおりです。

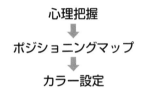

心理把握
↓
ポジショニングマップ
↓
カラー設定

この順番で準備をしていきます。この流れが大切ですので、まずはこの流れを頭にしっかり入れてください。

では、それぞれを解説していきます。

❶心理把握

ここまで読んでくださったあなたは、もう馴染みがあると思いますが、ユーザー心理を把握し、そこから対策を考えていきます。

この点が何よりも重要で、心理把握ができれば、その後の流れは比較的簡単にできあがります。

ですので、悩んだりしても焦らずに、しっかりと心理把握をするほうがいいでしょう。

いわゆる設計図の初期段階ですので、この段階では丁寧に行なってください。

まず、前の章でもお伝えしたペルソナ設計新メソッド「ピョン吉

の法則」を使って、ユーザー心理を把握していきます。

　何度も記載してますが、ここでも再度確認です。

- ● ステップ❶　基本のペルソナをつくる
- ● ステップ❷　ペルソナの心理を知る
- ● ステップ❸　ペルソナの心理を深掘りする
- ● ステップ❹　ペルソナの不安を知る
- ● ステップ❺　ペルソナの不安の解決方法を探る

　ここまでで、不安を解消するためのアイデア出しができていると思います。

　続いては、ポジショニングマップに移るのですが、その前に大事な話をします。「ピョン吉の法則」で出てきたペルソナは、ターゲットユーザーを明確にする心を持ったペルソナをつくることでした。

　このペルソナに対して、どのようなデザインを施すことが効果的なのかを考えること＝デザインなのです。

　それには、何が必要かと言うと、「どのようなメッセージを表現したいのか、訴求したいのか」を考えることです。それこそが、ポジショニングマップになります。

❷ポジショニングマップを考える

　ポジショニングマップマップ＝表現したい、訴求したいメッセージを指します。もっとわかりやすく言うと、どのような「キーワード」でサイトを表現したいのかを明確にするということです。

　ちょっとわかりにくい場合は、キーワードではなく、表現したい内容を形容詞で表現してみるといいでしょう。

　では、皆さんのサイトで扱う商品やサービスは、どのようなキーワードで表現したいですか？

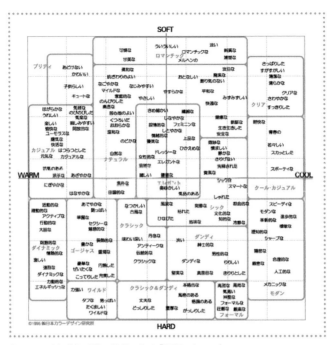

キーワードを考える際の参考になる「言語スケール」
（出典：日本カラーデザイン研究所）。

「先進的な」「信頼感」「安心感」「かっこいい」「優しい」「親しみやすい」
「賢い」「固い」「柔らかい」「カジュアル」「高級感」「エレガント」「シャープな」「素朴な」

　などなど、いろんなキーワードが出てくると思います。
　ちなみに、ペルソナが似ている場合でも、このポジショニングマップのキーワードが違うと、最終的にできあがるデザインがまったく違ったものになります。
　例えば、ペルソナが「面倒くさがり」だったとしても、扱う商品のポジショニングマップが「先進的な」と「親しみやすい」とでは、デザインが変わってくることは想像できるでしょう。
「先進的な」となれば、それに見合った配色やレイアウトになりま

すし、「親しみやすい」もまたしかりです。

　ですので、デザインが違っていて当たり前ですし、何から何まで
テンプレートでカバーしようとすること自体が間違っているのです。

　なお、私もよく利用させてもらっていますが、日本カラーデザ
イン研究所の**「言語スケール」**（http://www.ncd-ri.co.jp/about/
image_system/imagescale.html）は、キーワードを考える際にと
ても参考になると思いますので、活用することをおすすめします。

❸カラー設定を考える

　ユーザー心理を把握して、ポジショニングマップでキーワードを
決めたら、いよいよ配色を考えていきます。

　先にもお話ししたように、この順番には意味があります。特に色
を決めて、**キーワードを後付けにするのはやめるべき**です。

　キーワードと色は密接な関係になりますが、色を先に決めてしま
うと、キーワードは配色を正当化するための手段になってしまい、
結局「訴求したい」「表現したい」内容が正しく発信できなくなりま
す。

　あくまでも、発信したいメッセージがあっての配色ですので、そ
こを間違わないようにしましょう。

　では、いよいよ配色を考えていきますが、「キーワードには連動
する色がある」と考えてください。

　そう話をすると、「ピンクでもかっこいい」「ピンクでもかわいい」
となるので、矛盾していないかという指摘がよく入ります。

　答えは、「はい、矛盾しています」です。

　しかし、それはあくまでも「ピンクがかっこいいし、かわいい」
という考えを持ったあなたにとっては矛盾することになるだけで、
「ピンクはかわいい」としか考えていない人にとっては、なんら矛

盾しないのです。

しかも、キーワードには連動する色があるだけで、連動する色が限定されるとは言っていません。

感じ方は人それぞれなのですが、いったんは深く考えずに、一般論から始めるのがいいでしょう。

では、改めて、**キーワードには連動する色がある**とお考えください。

そうは言っても、ピンとこない人もいると思います。そんな方には、先ほどのポジショニングマップのときに参考に挙げた日本カラーデザイン研究所の「言語スケール」と連動する**「配色イメージスケール」**（http://www.ncd-ri.co.jp/about/image_system/imagescale.html）が便利です。

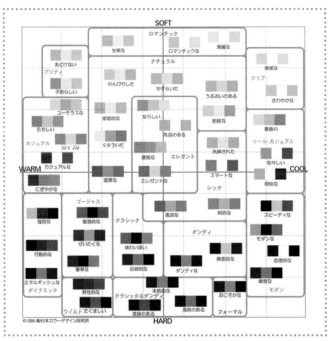

キーワードと連動する色を考える際の参考になる「配色イメージスケール」
（出典：日本カラーデザイン研究所）。

この図の良いところは、要するに**「このキーワードには、このような配色がマッチしますよ！」**という相関関係が見えることです。

　私も配色の方向性を決める際に利用することがありますので、慣れないうちは、利用するのをおすすめします。

　ただ、せっかく本書を手にしていただいたので、さらにこの配色をブラッシュアップしてほしいと思っています。

　ブラッシュアップの仕方として、次の2つの点を心掛けてみてください。

❶**「配色イメージスケール」はあくまで配色の方向性を決めるツールとして利用する**

　企業では会社ロゴの色を使用することを必須とされたりします。

　そのときにこのようなイメージスケールがあることで、配色の展開が限定されてしまいます。

　ですので、おおよそを決めるツールとして利用してください。

❷**配色バリエーションをアップしているサイトを参考にする**

　❶の「配色イメージスケール」でおおよその方向性（寒色系など）が決まったら、次に同じような方向性の配色に、どのようなバリエーションがあるかを見てみましょう。

　なぜバリエーションを見るかというと、たくさん見ることによるメリットがあるからです。

　洋服でもそうですが、はじめは、「このシャツに何を合わせたらいいのか？」と考えあぐねてしまいますが、ファッション誌などで、たくさんのコーディネートを見ていくうちに知識が蓄積し、合わせるバリエーションも簡単に思いつくようになります。

　同じように、慣れていないうちは、バリエーションをたくさん見て、「同じような配色でも、こんなに違う」ことを知っていきましょう。

最後に、私が配色のバリエーションを確認するときによく使うサイトをご紹介します。**Colourlovers**（https://www.colourlovers.com/palettes）です。外国のサイトですが、とてもよく使えますので、皆さんも参考にしてみてください。

では、まとめます。

デザインを始める前の準備が一番大切であり、それには順番がある。その順番とは、**「心理把握」→「ポジショニングマップ」→「カラー設定」**である。

順番が大切なので、そこをしっかり守って、ぜひ準備をしてください。

▶ 色と心理とコンセプト

先ほどの「心理把握→ポジショニングマップ→カラー設定」でも解説いたしましたが、色と心理とコンセプトは密接な関係があります。

皆さんの中には、今まで色と心理とコンセプトをバラバラに考えていた方もいるのではないでしょうか？

もしくは、「なんとなく関係性を持たせていたような……」という曖昧な状態になっていたかもしれません。

密接な関係である以上、この色と心理とコンセプトをバラバラに考えてしまうと、効果が薄くなってしまいます。

せっかく今までの流れでユーザー心理をきちんと考えていたのに、色とコンセプトというデザイン部分を適当にしてしまうと、ユーザーには伝わりきれません。

先にもお伝えしたように、デザインには問題解決の力があるので、問題解決力が弱くなってしまうのです。

　しかも、この関係性は、私が提唱しているのではなく、身近なところでも利用されています。

　例えば、結婚式場。

　結婚式場の床は何色でしょうか？

　そう、赤色ですね。

　赤色の床の空間に長時間いると、実際の時間以上にその場にいた感覚になり、充実感を感じるそうです。

　その感覚が、結婚式の充実につながるため、結婚式場の床は赤いそうです。

「色＝赤」「心理＝充実感」「コンセプト＝新郎新婦」だけではなく、ゲストにも楽しいひとときを過ごしてほしい――。

　そう考えると、結婚式場の例は、色と心理とコンセプトが見事にマッチしています。

　スーパーで売られているみかんが、オレンジ色のネットに入っているのも、みかんの色＝オレンジをより鮮やかで瑞々しく見えるようにするための工夫です。

　先ほどお話ししたように、身近でそれほど使われているということは、**単独で使うのではなく、色、心理、コンセプトを連動して考える**ことが効果があることを証明していると言えます。

　そして、デザインをスタートするまでの論理的思考（心理把握→ポジショニングマップ→カラー設定）を理解し、実践すれば、自然と色と心理とコンセプトの関係性を有効に活用できているはずです。

▶ ポイントは、合わせて、拾って、ずらす

　合わせて、拾って、ずらす……。

　これは、私がデザインをするときに、大切にしている考え方です。

　元々は、私がファッションが好きなこともあり、コーディネート

を考えるときの思考を整理したときに行き着いた考え方なのですが、デザインにも同じことが言えるので、今も活用しています（個人的な話で恐縮ですが、私のインスタグラムは、フォロワーが2万人以上いて、それくらいファッション好きなのです）。

　そんなこともあり、デザインでいきなり考えるのではなく、ここは少しファッションのコーディネートと絡めてご説明したいと思います。

　もう一度言います。

　ポイントは、**合わせて、拾って、ずらす**です。

　では、まず「合わせる」から。

❶合わせる

　ファッションで言えば、**「季節感」「素材感」「色味」**をそれぞれ合わせます。

　真冬に、背中が透けて見えるような薄手のスーツはみっともないですし、夏場に、厚手のウールのジャケットは季節感が合っておらず、恥ずかしいですよね。

　色味については、どんどんおしゃれに興味が湧いてくると、自分なりの色の合わせができてきますが、はじめのうちは、おそらくオーソドックスな色合わせをすると思います。

　例えば、茶系のジャケットに、ベージュのパンツを合わせるという具合です。

　これは、デザインでも同じことが言えます。

　デザインで言う「素材感」とは、少しイメージしにくいかもしれませんので、その場合は、「素材のクオリティ」を想像してもいいと思います。

　例えば、プロのカメラマンが撮った写真に、素人が撮った写真が交じっていると、変に浮いてしまいます。和が感じられる素材に、

洋風なフォントも違和感を感じます。

真冬になったのに、サイトのメインビジュアルが、真夏仕様だと季節感がなく、違和感を感じますよね？

色味についても、ファッション同様に、はじめはオーソドックスな配色から考えていくことをおすすめします。

例えば、ネイビーをメインに使用するならば、もう1色使う場合に同じ青系の色を選ぶ、といった具合です。

このように、まずスタートは、「合わせる」ことに意識を向けておくと、最終的にできあがったものが、ちぐはぐになることはありません。

❷拾う

次に「拾う」です。

これまた、何の話かわからなくなってきましたが、とても簡単です。

メンズのスーツをおしゃれに着る方には馴染みがあり、理解しやすいのですが、特定のジャンルすぎるので解説します。

拾う＝色を拾う

です。

ファッションで言えば、私が好んでやるのが、チェックのジャケットに使っている茶色を拾って、ネクタイを茶系にするとか、ジャケットのネイビーのストライプを拾って、パンツをネイビーにするとか……。

要するに、**「どこかで使用している色を、他の場所でも使う」**ということです。

これをデザインで行なうと、

「ヘッダーで使用していたネイビーをフッターでも使用する」
「ロゴの色を使用して、ボタンにもその色を使用する」

　という感じで、どこかのデザインで使用した色を別の場所でも使用すると、統一感が生まれてきます。

　ただし、注意点が１つあります。

　それは、**「拾いすぎない」**ことです。

　色数が少ないときはいいのですが、複数の色を使っているときに、１つの色をあまりにも拾いすぎると、どこもかしこもその色になってしまい、できあがったものは、結構気持ち悪い配色になってしまいます。

　ですので、あくまでも“ほどほど”にしてください。

❸ずらす

　合わせて、拾って、までご説明してきました。最後は、「ずらす」です。

　これは、**「色味をずらす」**という意味で、「最後に変化をつける」という意味でもあります。

　同系色でずらす場合は、**ブルーに明るいブルーを付け加えて変化をつけたり、**そうではなくずらすを応用して、**反対色等を付け加えて、変化をつける**こともあります。

　ファッションで言えば、ネイビーの色味に少し変化をつけて、明るいブルーを使ってコーディネートする、ネイビーにブラウンを合わせて変化をつける（スーツ等の着こなしでは、アズーロ・エ・マローネと呼ばれるコーディネートです）といった具合です。

　単調になってしまうときに、少しだけでも色味をずらしたり、思い切って違う色味を持ってくると変化が出てきます。

　デザインもまさに同じです。

◎ネイビーが多い配色に、少し明るいブルーを足してみる。
◎グリーン主体の配色に、ブラウンを足してみる（自然の色味なの
　で相性が良い）。

など、単調さをなくし、変化をつけることができます。

　ちなみに、いきなりずらしてもいいのですが、はじめのうちから
ずらすことをメインにしてしまうと、ずらしているのか、ずれてい
るのか、微妙な状態になってしまうので、順番は、「合わせて、拾
って、ずらす」をおすすめします。

▶「お問い合わせ」ボタンは赤色は間違い？

　なぜ、このボタンの色味の話を再三にわたってしているかという
と、固定観念を捨てていただきたいからです。

　ボタンは赤でなければいけないなんてことはありません。赤色が
一番クリックされるわけでもありません。

　極端な話、有名人のサイトであれば、すべて赤色でできたサイト
にまったく埋もれている形で赤いボタンが置いてあっても、クリッ
クされます。

　それが赤ではなく、青でもオレンジでも茶色でもそうでしょう。

　なぜなら、どうしてもクリックしてほしい商品があるわけですか
ら、色味などはどうでもよくて、多少わかりにくくても、探すこと
くらいなんとも思わないからです。

　まず、何よりも重要なのは、ユーザーにどうしても「クリックし
たい」「欲しい」「おもしろい」「もっと見たい」などと思わせること
であって、はじめから知識があるかのごとく、「ボタンは赤」と言っ
ているのは、愚の骨頂です。

ですので、まずはユーザー心理を把握し、そのユーザーに寄り添うためには、どのようなコンテンツや導線がふさわしいのかを考えていくことが大切なのです。

　もう一度言います。

色味云々には、正解はありません。

　それよりも大切なのは、ユーザー心理です。

▶ ユーザー心理×コンセプト＝正しい「UI/UX」 という鉄板方程式

　ここ数年、皆さんも「UI」「UX」という言葉をよく耳にするようになったのではないでしょうか？

　ちなみに、「UI」とは、「ユーザーインタフェース」の略称で、PCやスマートフォンを利用するときに、ユーザーが情報を受け取ったり、入力したりするための仕組みのことです。

　細かい話になると難しい内容になってしまうのですが、要するに「入力したり、情報が表示されている画面」のことです。

　一方、「UX」とは、「ユーザーエクスペリエンス」の略称で、サービスなどを通して、ユーザーが得られる体験のことを指します。

　UXの有名な例では、CTスキャンに入る子どもたちの多くが鎮痛剤を使用しなければならなかったのを、CTスキャンの機械に子どもたちの好きな絵を描いたことにより、恐怖だったCTスキャンが楽しくワクワクするものに変わったという話があります。

　ここまでは概論の話なのですが、当然概論の説明がしたいわけではありません。

　私が言いたいのは、**言葉を知っているだけでは、何の効果もないこと、知っているとアピールができるくらいで、それ以上何がある**

わけでもないことを言いたいのです。

「UI/UXを意識して」と耳にしますが、「UI/UXを意識する」とはどういうことでしょうか？

そもそも、そこに明確な答えがないのに、聞きかじりの言葉を使わないほうがいいと思っています。

私の考えはこうです。

そもそも、UI/UXを気にするのは、目的を達成したいからですよね。それが聞きかじりだったとしても、何か効果がありそうだから使っているはずです。

つまり、何かしらの効果を期待しているわけですね。

では、目的に直結する動きをしてくれるのは、誰でしょうか？

もちろん、ユーザーですよね。

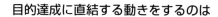

目的を達成したいから、UI/UXを意識する

目的達成に直結する動きをするのは

ユーザー

このような図式なのですから、目的を達成したいならば、ユーザーを知ることが重要です。それが、すなわち、UI/UXを意識することになるのです。

ユーザーに寄り添う、ユーザーの気持ちを考えて寄り添うことを徹底的に考えて、そこに、皆さんのコンセプトが正しく伝わるように、デザインという要素を入れる。

そうすることが結果的に、UI/UXにつながっていくのです。

流行りのデザインは正解？　不正解？
──その問いが間違っています

　流行りのデザイン──。

　この話も先ほどの「ボタンの色」と同じです。

　そもそも流行りのデザインが正解か、不正解かを考える時点で間違っています。

　なぜなら、デザインは問題解決のツールなので、問題解決になっているかどうかが重要で、その点においては正解、不正解かを判断できますが、流行りのデザインが正解かどうかを考えるのは、本質から完全にズレています。

　デザインが問題解決だとしたら、「流行りの問題解決は正解？　不正解」と言っているようなもので、おかしな話になります。

　「流行りかどうかで決めるものではなく、ちゃんと問題解決できるかどうかで決めようよ」と思いませんか？

　なので、流行りかどうかは、どうでもいいのです。

　当然、流行りを知っていることや取り入れることは悪いことではなく、むしろプラスになることもあるでしょう。

　しかし、あくまで問題解決のツールである以上、その流行を取り入れることで、問題解決の邪魔になるのであれば、取り入れるべきではありません。

　なお、流行ではなく、変化に対応することは大事です。

　流行りは一過性で、対応していても廃れますが、変化に対応することは継続性があり、進化だからです。

　ひと昔前に比べて、通信環境が良くなり、大きいメインビジュアルもすぐに表示されるようになりました。

　なので、その変化に対応して、メインビジュアルを変えることなどは、とても良いと思います。

　流行り云々は、デザインの本質である問題解決に貢献できるかどうかで判断する。そして、変化には柔軟に対応する。

　この2点の視点がとても重要です。

▶ 見たいものに確実に目線を止める方法

　皆さんは、大勢の中で目立とうとする場合、どうしますか？
「大声を出す」「歌い出す」「突飛な行動をする」など、何かしらの行動をとり、目立ち、視線を集めようとすると思います。そこから、何か言いたいことをしゃべるほうが、聞いてもらえますから。

　サイトでも同じです。

　見せたいもの、視線を集めたいものに、まずは注目してもらう必要があります。

　しかし、サイトは大声を出すことはできませんし、歌い出すこともありません。突飛な動きをしたら、びっくりして離脱するでしょう。

　だから、サイト特有の工夫が必要です。

「では、どうするか？」なのですが、答えは意外と簡単です。

　3つの効果的な方法をご紹介します。

> ❶レイアウトを変える
> ❷余白に変化をつける
> ❸色に変化をつける

❶レイアウトを変える

　同じレイアウトばかりが変化なく続くと、どんなに良い内容であっても、スクロールをしているときに、気がつきにくいものです。

　きれいにレイアウトを並べることも大切ですが、大切な部分は、

思い切ってレイアウトを変えることで、視線が止まりやすくなります。

レイアウトを変えると、視線が止まりやすくなる。

❷余白に変化をつける

　これもレイアウトに関係してくるのですが、単調になりすぎてはいけません。どんなに良い内容でも、見てもらえなければ意味がないので、見てもらうための工夫は必要です。

　そこで、「重要なエリアの前後の余白を多めにとる」という変化をつけてみてください。

　昔ロックバンドが、ＣＤの最後の曲に、数分間無音の部分を入れていました。音の余白です。

　変化をつけることにより、興味を引くことができるので、ぜひ活用してみてください。

余白に変化をつけることで興味を引く。

❸色に変化をつける

これも、当然ですが、品良く行なってください。わざとらしすぎる変化は、デザインを壊してしまうのでよくありませんが、先のレイアウトや余白の変化と一緒に、「少しだけ背景に色をつける」等の工夫をすると、より効果的です。

私がよく活用するのは、**見せたいエリアのレイアウトに変化をつけて、背景色に薄いグレーを持ってくる**ことです。

スクロールされている状態では文字が認識できなくても、**色の変化は目につきやすい**ので、効果があります。

ただし、見せたいものがきちんとした内容であることが大前提ですので、そこはお忘れなく。

▶ 無意識にアプローチ！
「印象コントロールの法則」の実践活用例

ここでは、第3章でご紹介した「印象コントロールの法則」を実際にどのように活用したのか、少し別の角度でご紹介したいと思います。

第3章では、心理学でいう「係留と調整ヒューリスティック」という効果を活用した口コミや二重価格を紹介しました。

この章では、デザインにまつわる話を多くしていますので、デザイン観点から印象コントロールの法則を解説します。

＊

ヴィンテージのデニムなどを扱う古着屋さん

ポイント

　古着屋さんのサイトは、どこもオーソドックスなつくりになっていて、白い背景色を使っているサイトをよく見かけます。

　私のクライアントの古着屋さんのは、古着の中でもヴィンテージもので、高価な一点ものを多く扱っているという特徴があります。そのため、**希少性**や**高級感**を表現して、見た目の印象から他店とは違うという印象を与えたいと考えました。

　そこで、背景色を黒、アクセントとしてゴールドを使用することで、先のキーワードを訴求しています。また、使用している写真も、見る人が見ればわかる商品をチョイスしています。

　そうすることで、マニアな方々に対して「このお店には私が欲しい商品がありそう」「このお店、いいな！」という印象を与えられるようにしています。

古着屋さんのサイトデザイン。

LGBTの方をメインターゲットにしたオンライン共済

ポイント

　LGBTの活動を象徴するカラーである「レインボー」を取り入れて、全体の配色を構成しています。

　また、ターゲットユーザーがよく見るサイトに多く使用されている黒をかけ合わせるようにしました。

　馴染みのある配色等にすることにより、**「このサイトが身近な存在であること」「ユーザーに寄り添ったサービスである」**という印象を与えるようにしています。

　また、本章で解説しているように、見せたいコンテンツ部分では変化をつけ、配色も背景にグレーを引くなども施しています。

　それ以外にも、ユーザー心理を解析して、一度で申し込みまで完結しないことが予想できたので、入力情報を途中保存できる機能を付け加えています。

＊

　いかがでしたか？
「係留と調整ヒューリスティック」

オンライン共済のサイトデザイン。

といった心理学に基づく効果だけではなく、この章で述べた内容を
実際にデザインすると、こうなりますという事例でした。
　ぜひ皆さんも、この章の内容を実践してみてください。

第**6**章

セオリー無視！
今の流入数で最大限
コンバージョンさせる方法

どうしても欲しい商品を見つけたときの人間の行動

　この章では、セオリーを無視して、**今の流入数のままコンバージョンを最大化するための方法**をお伝えしたいと思います。

　この章に限らず、本書でお話ししていることは、つまるところ、セオリーという固定観念に縛られることなく、ユーザー心理に応じて柔軟に対応することが重要であることに他なりません。

　それを実際の事例を交えながらご紹介します。

　まずは、ここまで読み進めてくださった方には、おなじみの話になってきましたが、それは「どうしても欲しい商品を見つけたときに、どのような行動をするのか？」です。

　そのことを見越した対策が、セオリーとは違うものであるにもかかわらずユーザー心理に寄り添っているがゆえに、きちんと結果が出たという話をしていきます。

＊

　ヴィンテージの古着を購入される方は、長らくその商品を探していることがあります。

　それくらい欲しい商品をやっと見つけたときの感情は、どのようなものかというと、簡単に言えばどうしても欲しいわけですね。

　どうしても欲しい商品を見つけた＝喜びではあるのですが、それと同時に、不安がよぎります。

　それは、**「他の人に買われるかもしれない」「他の人には買われたくない」**という不安です。

　もし、どうしても欲しい商品を見つけたとしても、他の人が絶対に買わないとわかっていれば、それほど不安や焦りは湧いてこないでしょう。

　よくテレビでバーゲンで競うように商品を自分のかごに入れている姿を見かけるのは、他の人に買われるかもしれないという焦りからです。他の人が買わないとわかっていれば、あそこまで焦る必要はないでしょう（他の人が買っているので、その雰囲気に乗じての行動という見方も当然できます）。

　いずれにしても、欲しいものを見つけると、喜びでテンションが上がると同時に、不安、焦りも出てくるということです。

　その点に気がつくことが、とても大切です。

　うれしくてテンションが上がるという側面のみであれば、ユーザー心理に寄り添いきれていないので、おそらく十分な対策は出ないでしょう。**不安や焦りを把握できるからこそ、本質的な対策が出てくる**のです。

　では、そこで、私はどのような策を施したか？

　オンラインショップにもかかわらず、買い物かごのすぐ上に、取り扱い店舗の電話番号を掲載しました。理由は簡単で、「他の人に買われるかもしれない」「他の人には買われたくない」という不安を電話をすることにより解消できるからです。

　不安や焦りがあるので、カード情報を入力したりする間に、他の人が購入する可能性を考えてしまいます。

　ですので、店舗に直接電話をしてもらい、購入の意志を伝え、あとは店舗とのやりとりで購入手続きを行なうほうが、ユーザーにとっては、安心感があります。

　セオリーどおりでいくならば、買い物かごの上段に電話番号等を載せることはありません。なぜなら、せっかくネットショップをつくって店舗の手間を省こうとしているのに、電話番号を載せることで、かえって手間が増えてしまうからです。

　しかし、それはあくまでショップ側の話です。

　ユーザーとしては、そこはあまり関係なく、自分が欲しい商品を

確実に手に入れることのほうが重要なのです。

　結果として、このお店の売上は上がっていることを考えると、このセオリーを無視した対策は、成功と呼べると思います。

　セオリーにこだわりすぎるあまり、大切なものを見落とすのであれば、無視するほうがいいという典型例です。

▶ 営業時間を書かなくても、お客様が来る理由

　またまた、セオリーを無視した実際のアイデアです。

　営業時間を書かなくてもお客様が来る理由は、実は、営業時間を書かなかったからお客様が来たというのが正解です。

　このクライアントは、洋服のお直しをされています。

　洋服をお直しする方って、どんな方か想像がつきますか？

　察しのいい方ならお気づきかもしれませんが、「お直しをしてまでその洋服を着たい」という気持ちがあり、または、「洋服を新たに買うよりも、安く済むからお直ししてまた着たい」という気持ちがあり、実際、そのような洋服を持っているということになります。「体型が変わった」「流行ではなくなったから」という理由で、処分してしまう方もいるとは思いますが、そうではなく、「大切に着たい」という気持ちがある方が、対象のユーザーになります。

　そして、決して上司に言われてやるようなことではなく、ユーザー自ら進んで行なっているのです。

　それを前提にすると、イヤイヤやっているわけではなく、楽しく、興味があり、お直しをしてまた着たいという気持ちでやっているわけです。

　ですので、**気になることがあれば、聞いてみたくなる**という傾向が強いユーザーと考えられます。

　この心理を利用して、営業時間をサイトに掲載しないようにしま

した。

ちょっとひねった発想ですが、**営業時間をサイトに書かないことにより、「今日は何時まで営業していますか？」という電話をかけてもらおう**というアイデアです。

セオリーどおりでいくならば、サイトに営業時間を書かないのは、ありえないでしょう。

しかし、ユーザーが自分自身の興味や楽しみのために、積極的に行動することが前提であるので、興味があれば電話してくれると考えたのです。

逆に、営業時間を書いていると、「今日は時間がないから、行くのをやめとこう」となってしまいます。

しかし、電話をしてもらうきっかけが何であったとしても、会話をすることができれば、来店が今日でなくても予約という形で来店に結びつけることができます。

来店＝ほぼ売上になるので、電話してもらうことが重要なのです。

このように、**ユーザー心理と売上が発生するタイミングを考えていくと、セオリーどおりに営業時間を書かないほうがいい**という判断をしました。

繰り返しになりますが、セオリーはあくまでセオリーであってユーザーがどのように感じるかによって、ユーザーに寄り添う対策やアイデアを優先させるほうがうまくいくものです。

ぜひこのアイデアを参考に、皆さんがセオリーに固執してしまっている点を改善してもらえればと思います。

▶ すべてをWEBに掲載することが正解ではない

世界的な流れとして、オフラインからオンライン化はますます加

速していくでしょう。

　今まではオフラインでの接客しかしていなかった業態でも、オンライン化を進めているというニュースをよく見かけるようになってきました。

　そうなってくると、**大切なのは、オンラインでどのような情報を掲載するか**です。

　しかも、**もっと大切なのは、どの程度掲載するか**です。

　すでに長くWEBサイトを運営して、オンライン化をされている方にとっては、さほど難しいことではないかもしれませんが、これからオンライン化を進めていこうとする方には陥りやすい間違いなので、ぜひしっかり読み進めてください。もちろん、「オンライン化済みだよ」と言う方も、一度掲載している情報整理を、別の観点から行なう際に参考になると思います。

　見出しにあるように、結論から申し上げると、すべてをWEBに掲載することが正解ではありません。むしろ逆効果になります。「全部載せなくて大丈夫なの？　オンライン化するんだよ」という不安もわかります。

　しかし、それは、前提が「ユーザーすべてが、全部載せを望んでいる」になっています。

　本当にそうでしょうか？

　いきなり頼んでもいないのに、全部乗せのラーメンが出てきて、「うちはそういう店だから」と言われたら、ユーザーはどう思うでしょうか？

　いくらなんでも食べきれない、消化不良を起こすでしょう。

　WEB上で消化不良を起こす＝離脱、ということです。「よくわからないから、問い合わせをするのはやめとこう！」「買うのはやめておこう！」という状態を、自らつくり出してしまっているのです。

　いくらオンライン化をするにしても、情報をすべて掲載するのではなく、**お客様の知識や欲求を見極めて、ページを見てもらいながら情報を出していくほうが、ユーザーにとってはありがたい**のです。

　それでも足りない場合は、「こちらを見てください」という誘導で、情報がたくさん掲載してあるページやPDFに誘導するほうがよほどお問い合わせがくるはずです。

　はじめから全部乗せ希望の方には、そのメニューを用意しておけばいいですし、「まだお腹いっぱいにならないのだったら、雑炊もありますけど、どうします？」みたいなほうがユーザーはうれしいのです。

　繰り返しになりますが、「ユーザーすべてが、全部乗せを望んでいる」という前提を捨てる。**「全部乗せ」したくなるのは、サイトをつくっている側が不安なだけ。**ユーザーは「全部乗せ」を望んでいない。

　これを理解して、情報量をぜひ調整してみてください。サイトも「腹八分目」で十分ですので。

▶ WEBだけで完結させようとするのは、担当者のエゴでしかない

　先ほど「すべてをWEBに掲載することは正解ではない」という話をしました。

　それと同じで、WEBだけで完結させようとするのは、担当者のエゴでしかありません。

　誤解していただきたくないのは、「検討した結果、WEB完結するものを無理にオフライン等につないでください」と言っているのではないということです。

　ユーザーが、購入やお問い合わせに至るまでに感じる不安や疑問

等に、**オンラインでは対応できそうもないにもかかわらず、意地でもWEBにこだわるのは間違っている**という話です。

　サイトをつくることを任された担当者は、せっかくサイトをつくったのに、またサイトに関係のない部署の手間をかけてしまうのを嫌がる傾向にあります。

　しかし、それは、担当者のエゴ、企業側のエゴでしかありません。

　なぜなら、ユーザーはWEBで解消できない不安や疑問を持っているわけですから、それに寄り添わないのはエゴと言われても仕方ないでしょう。

　むやみに、工数が増えるようにする必要はありませんが、「ここから先は営業マンに任せるほうがいいな」となれば、そこは潔くそうするべきなのです。

　情報はすべてWEB上に掲載せず、WEBでの完結にこだわりすぎない。これこそが、サイトの価値を最大化するポイントになります。

▶ 宝探し、ディテクティブデザイヤーの法則の実践活用例

　第3章で「顧客に努力させる——宝探し、ディテクティブデザイヤーの法則」をご紹介しました。

　古着屋さんなどは、商品をあまりキレイに並べすぎると、売上が落ちるそうで、その理由は、お客様が古着屋さんに求めているのは、古着を買うこと以上に、実は古着を見つけるという宝さがし感を求めているから。そんな話でした。

　ここでは、この「顧客に努力させる——宝探し、ディテクティブデザイヤーの法則」の実践活用例をご紹介したいと思います。

　レイアウト等での工夫はすでにお伝え済みなので、今回は、皆さんがサイト上でキャンペーンなどを行なうにあたり、「宝探しの法則」を使うための活用例を紹介します。これは名実ともに宝探しをする

という事例です。

　ではさっそくご紹介したいところなのですが……、今回の宝探し実践活用例は、**本書の投げ込みチラシ**をご覧ください。

　実際に皆さんに宝探ししていただき、正解の方には、特別のプレゼントがありますので、良かったらご覧ください。

　……ごめんなさい！

　皆さん、騙されましたね。騙して、ごめんなさい **（ちゃんと本書の最後のページにプレゼントがありますので、ご安心ください）。**

　ご覧いただいたということは、それだけ今回の「顧客に努力させる——宝探し、ディテクティブデザイヤーの法則」が皆さんに対しても効果があるという証明になっていると思います。

　このように、**事前にアナウンスして、宝探しへ誘導する**ことにより、「何があるのか」と、ちょっとワクワクしながら見てもらえることができます。

▶ 100％信用してもらえなくても 購入数が増える方法

　こんなことをはじめから申し上げるのもどうかと思いますが、100％信用してもらえなくても、商品は買っていただけます。

　そう書くと、なんだか魔法みたいですし、怪しい感じがしますが、そんなことはありません。

　なぜなら……、そもそもの話なのですが、初めてサイトを見たユーザーに、100％信用してもらうこと自体が不可能に近いからです。

　ユーザーは100％信用していなくても買っているのです。

　ちなみに、皆さんはどうでしょうか？

　初めて商品を買うときに、その商品や会社のことを100％信用で

きますか？

　信用度合いは高いと思いますが、完全に100％信用するには至っていないこともあるのではないでしょうか？

　つまり、100％信用していなくても買っているのであれば、100％かどうかは関係ないところに、実は購入数が増える要素があるということです。

　では、その要素は何か？

　実はとても単純で、**「信用できないユーザーの気持ちを認める」**ことです。

　そもそも初めてサイトを訪れた人に、「信用してください！」と声高に言えば言うほど引いてしまうものです。「このサイトはどうなのかな？」という不安も混じった感情で流入してきているユーザーに対して、ゴリ押ししていたら、引いてしまうのは目に見えています。

　だとしたら、押してはいけないのです。

　最後に決めるのはユーザーですので、ユーザーに決めてもらえるように後押しするほうがいいわけです。

　その第一歩は、先ほどの「信用できないユーザーの気持ちを認める」です。

　具体的に言えば、**「他の方も全員、あなたと同じように初めは疑っていたんですよ」というメッセージを出す**ことが有効です。

　実際に、「疑ってお問い合わせした方、100％」という文言をメインビジュアルに入れた私のクライアントは、お問い合わせが5倍ほど増えたという結果が出ました。

　これは、「不安や疑いがあったとしても、それは仕方ないことで、なぜなら全員そうでしたから」というメッセージを投げかけています。

　すると、ユーザーは「疑って電話するのは悪いことではなく、み

んなそうなんだな」→「じゃあ、電話してみよう！」となるので、当然お問い合わせが増えるわけです。

「疑わしい、不安だから電話しない」ではなく、「疑わしい、不安だけど電話する」に変えたのです。

　このように「信用できないユーザーの気持ちを認め」て、その状態は「あなただけの特別な感情ではなく、みんなそうなんですよ！」というメッセージを出せば、きっと100％信用してもらえなくても購入数が増えてくるはずです。それは、私のクライアントの出した結果が証明してくれています。

第**7**章

WEB以外にも活用可能！
儲かり続ける発想力の鍛え方

行動予測力を鍛える

　ここでは、「WEB以外にも活用できる発想力の鍛え方」というテーマの下、「行動予測力」の鍛え方をご紹介します。

　行動予測力とは、シンプルに考えて、「今、相手がその状況、その心理だとしたら、次にどのような行動をとるか」を予測する力です。

　これは、「ピョン吉の法則」でペルソナの心理やペルソナの性格を読み解いていこうとする過程でかなり鍛えられていくと思います。

　しかし、普段から「今相手がその状況、その心理だとしたら、次にどのような行動をとるか」を考える癖がついていないと、いきなりスイッチを入れても、なかなか満足できる答えが見つかりません。

　ですので、普段の生活の中で、この行動予測を楽しんで行なっておくといいでしょう。

　私は普段から、

「もし、いつも通りかかる近所のお店のコンサルティングをお願いされたらどうするか考える」
「売れているサイトを見ながら、売れている理由を考える」

ということを行なっています。

　このくらいラフに始めたほうが、強制されているわけではないので、楽しみながらやれます。

　近所のお店からコンサルティングをお願いされたら、**「どんな質問から始めるか？」「どんなペルソナを設定するか？」**など、仮説を立てながら、**「ペルソナの心理はこうかな？」「その場合はこのような行動をとりそうなので、対策はこうしよう！」**などと、頭の中で考えています。

　売れているサイトを見ながら、売れている理由を考えるのは、個

人的にはかなりおすすめです。「売れている」という事実があるので、理由はいくつか見つかるはずです。

　そのときに気をつけているのは、さらっと見るのではなく、**「この部分に意味があるのではないか？」「つくった人はなぜそのような配置にしたのか？」**と、1つひとつに対して疑問に思いながら見ることです。

　さらっと見ていると気づかないことも、あえて疑問に感じるように自分自身に仕向けていくと、そこから見えてくるものが出てくるはずです。そして、**疑問が出てきたら、徹底的に考えたり、わからなかったら調べたりする**ことが大切です。

　ちなみに、私がデザイナーになったときは、独学だったということもあり、自分がかっこいいと思うサイトを徹底的に模写していました。ある日、サイトを模写しているときに、ちゃんと模写したつもりでも微妙に違っていることに気づきました。その理由がすぐにはわからず、よくよく見てみると、1本罫線があるかないかだけの違いでした。

　例えば、**グレーの背景に黒い線を1本引いてみます。**それだけでは、グレーの背景に黒い線が入っているだけで立体感はありません。

1本線を入れるだけでは立体感がない。

では、**黒い線の下に、もう一本薄いグレーを配置してみます。**
すると、どうでしょうか？

線が掘られたように凹凸ができて、立体感が出てきます。

濃さの違う線をたった1本入れるだけで、立体感が出る。

　別にデザイン講座ではないので、立体的に見せる見せ方を詳しくお話はしませんが、模写から気がついたのは、たった1本の線の有無だけでした。

　本当にこれだけなのですが、私にとってはとても大きな発見でした。このことに気がついてから、断然デザインスキルが上がりました。**「デザインは細部が大切だが、細部はセンスじゃない」**とわかったからです。

　立体的にするために、線を1本足すか足さないかは、センスではなく知識です。知っているか知らないかの差です。

　だとしたら、知ればいいだけの話なので、そのために時間を使えば、当然デザインはうまくなると思ったのです。

　それ以外にも、私がユーザー心理を本気で考えるきっかけになったのは、ネットショップで働いていたときのことでした。

◎毎回水玉のネクタイしか買わない人。
◎ネクタイは、ネイビー系の色味ばかり売れること。

　この2つを目の当たりにしたことでした。
　どんなに売れている商品をメルマガで紹介しても、水玉のネクタ

イしか買わないし、多くの方がメイビー系の色味のネクタイを買っていました。

当時の私は、それが不思議で仕方ありませんでした。

それほど安くないネクタイですし、おしゃれに興味があるなら、「そんなにネクタイを買うお金ががあるなら、いろいろ買えばいいのに」「ネイビー以外にもかっこいいものたくさんあるのに」と思っていたのです。

ある日、ふと**「おしゃれという共通点があるにしても、その人には水玉しか買わない理由があるのかな？」「ネイビー系しか買わない理由があるのかな？」**という、今までとは違う角度での疑問が湧いてきました。

その疑問に対して最終的に以下のとおりに着地しました。

ユーザーには気持ちがあって、その気持ちから行動をとる

だとしたら、まずは
「ユーザーの気持ち＝ユーザー心理」を理解することが大切

心理がわかれば、行動を予測できる

結果を出せる

このような考えに至ったのです。

ちなみに、「ネイビー系しか買わない理由」はわかりますか？

15年ほど前の話なのですが、当時はネットショップがまだ珍しくスマホもありません。PCのモニターも今よりも性能が悪く、色味が正しく出ませんでした。モニターによっては、グレーが白っぽく見えたりすることがよくありました。

だから、安心できる色味しか買わなかった、いや買えなかったの

です。

「ネイビー系しか買わない理由」は、「ネイビー以外は、本当にその色味の商品かどうか不安だから、買わない。その点、ネイビーは、ネイビーだからきっと他の商品よりも大丈夫だろう」という心理がはたらいたのです。

実際、ネイビー以外の、例えば淡い色味のネクタイなどは敬遠されて、なかなか売れませんでした。

人から見たら、別に疑問にも思わないようなことかもしれませんが、それが私にとっては疑問であり、それを考えて解決することにより大きなきっかけをもたらすことになりました。

皆さんも、**普段から行動予測力を鍛え、なにか疑問に感じたりすることがあれば、徹底して考え、調べてみてください。**

私が線1本で気づいたように、またネクタイをきっかけにユーザー心理の大切さに気がついたように、皆さんにとって大きな変化をもたらすきっかけが見つかると思います。これは、WEBデザインに限らず、さまざまなビジネスシーンで活用できるものになるはずです。

▶ カッコつけないほうがうまくいく

これは見た目の話ではなく、気持ちの話です。

何か新しい知識や情報を誰かから教えてもらったときに、「あっ！ それ知ってる！」といった反応する人、まわりにいませんか？

本人は、決してカッコつけているつもりはないのでしょう。

しかし、かなり損をしていると思います。

それをカッコをつけていると呼ぶかどうかはどうでも良くて、つまり、**「あっ！ それ知ってる！」という反応は、極力しないほうがいい**という話がしたいのです。

　それこそ、まさにユーザー心理ですので、その反応には理由があるでしょう。

　ユーザー心理は人それぞれなので、この本を読んで当たり前のことを書いていてつまらないと思う人もいれば、新たな発見と思ってくださる人もいるでしょう。

　しかし、どちらのほうが時間が有意義で、自分の気持ち、ひいては人生が楽しいでしょうか？

　人の行動や発言に対して、常に知ってるよ的な反応をして優位に立ちたいのかもしれませんが、それは楽しいですか？
「知っているよ」的なスタンスで、「たいした情報ではない」と批判したり、影でコソコソ文句を言うことで、その人の何かが満たされているのでしょうが、私はそんなに批判するポイントを見つける頭の良さがあるのであれば、それをもっと有意義に使えばいいのにと思ってしまうのです。

　せっかく、「知識を得よう！」「成長しよう！」と思っているのであれば、カッコつけることなく、**吸収できるものは徹底的に吸収していくほうが、いろんな面で楽しく、ハッピーになる**と考えています。

▶「付き合いはじめのカップル」の法則をフル活用する

　第3章でお話ししましたが、「付き合いはじめのカップルの法則」を活用すると、本音が出てくるようになります。

　本音かどうかはわからないこともあるかもしれませんが、少なくとも、他の人が聞かないような角度からの質問を自然とするようになりますので、ビジネス上では他社とは違う印象を与えることができ、最終的に質問の先にある目標（商品の販売など）に有利になるはずです。

第3章でお話しした内容を少しおさらいしておきます。

　付き合いはじめの頃って、いろいろ知りたいですよね？

　ビジネスでのヒアリングも同じで「気になるし、知りたいから聞く」という姿勢を持つことが大切。そのためのコツは、「見えていない情報を引き出す質問」をすることでした。

　読めばわかる内容を質問してもあまり話が展開しないし、本音を引き出すのに時間がかかりすぎるので、私の場合、「ホームページに、本当は載せたかったけれど、載せていない内容は何ですか？」といった質問をします。

　載せていない内容があれば、その内容や理由も引き出せますし、すべて載せているのであれば、情報を整理する部分は優先順位が低く、他に優先順位が高い事項があるとわかります。

　さて、今回の本題に入ります。

「見えていない情報を引き出す質問」をする。そのためには、まず**「見えていないものに対して質問する」**ことが始まりです。

　例えば、洋服屋での接客です。

「洋服を見に来た」は見ればわかる話ですが、はじめに「今日は何をお探しですか」という会話から始まることが多いと思います。

　そこで、何＝ネクタイだったとしたら、当然ネクタイをすすめると思いますが、きっと気が利く店員であれば「なぜ、ネクタイなのか？」をさり気なく聞いてくれると思います。

　これが、まずこの法則の活用ポイントですね。ネクタイを探すという言葉から見えないものに対する質問です。

　その後、「季節が変わったので、ちょっと春っぽいネクタイが欲しくて」と言う回答が引き出せれば、春っぽいものを当然すすめるところですが、ここでも法則が活用できます。

　つまり、「春っぽい」ということだけで、見えていないものがあり

ます。

　そうです。

「なぜ、そもそも春っぽいネクタイが欲しいのか？」

「その人にとって春っぽいってどんな色味なのか？」

「春っぽいネクタイを持っていないのか？　それとも持っているけど買い足したいのか？」

　などです。

　このように、**1つの回答で見えてこない部分に着目していくと、その人の本音や考えが見えてきます。**

　私のいるデザイン業界であれば、「なぜ今回リニューアルしようと思ったのか？」という質問に対して、「古くなったから」という回答が非常に多いのです。

　そんなとき私は、

「なぜ古くなったのか？」

「なぜもっと早くリニューアルしようとしなかったのか？」

「どこを見て古いと感じているのか？」

「古くなって、どんな弊害が生まれているのか？」

　といった質問をします。

　古くなったけど、何も問題ないなら、リニューアルする必要はありません。

　何かしら問題や弊害が生じているから、リニューアルを検討しているわけです。「古くなった」という発言では、見えてこない部分を徹底して確認していきます。

　このように例を挙げていくときりがないのですが、質問の回答で見えてこない部分に着目していくと、その人の本音や考えが見えてきます。

　付き合いはじめの頃のように「気になるし、知りたいから聞く」

という視点を持ち、「見えていない情報を引き出す質問」を繰り返す。

　それによって、今までとは違う展開が生まれ、結果も変わってくると思います。

矛盾を見つける論理的思考
——「名探偵の法則」をフル活用する

　矛盾を見つけることで何がしたいのかというと、シンプルに言えば、頭の整理です。さらには、目的の共有・確認にもなります。

　決して、矛盾を見つけて、相手を批判することではありません。

　同じ知識レベルで話をしていれば起こらないことでも、知識の差による勘違いや固定観念が生じているので、そこを早い段階であぶり出し、お互いの誤解をなくし、頭の整理、目的の共有・確認をしておくほうが、後々スムーズに事が運びます。

　この話も第3章で触れていますが、そのコツは、「同じ系統の質問を2回する」でした。

　例えば、私であれば、「今回のリニューアルの目的は何でしょうか？」という質問をして、終盤にもう一度、「今回のリニューアルはどうなったら成功と言えますか？」という質問をします。

　ここで、はじめの回答は「売上アップ」と言っていたのに、最後の回答では「認知度アップ」と言われたりします。

　ちなみに、売上アップと認知度アップは、似ているようですが、まったく違います。なぜなら、認知度がアップすれば、売上が上がらなくても成功という判断にもなるし、売上が上がれば、認知度が上がらなくても成功という判断にもなるからです。

　この回答の矛盾が出てくるということは、次の3つの疑問が湧いてきます。

❶そもそも、目的が定まっていないのか？
❷売上アップと認知度アップをイコールだと思っているのか？
❸売上も認知度も両方アップしたいのか？

　このように、「同じ系統の質問を２回する」ことで、矛盾が見つけられて、お互いの頭の中が整理されていくしょう。

　ただし、注意点は、

◎すぐに同じ質問をしないこと。
◎何度も使わないこと。
◎核心に近い内容以外では、あまり使わないこと。

　すぐ同じ質問したり、何度も使うと、「聞いていなかったのか！」となり、逆効果になってしまいます。

　また、あまり重要ではない質問でやってしまうと、本当に確認したいときに、何度も使っている印象を持たれて、効果が出ないからです。

　この注意点を守れば、いろんなパターンで応用できますので、ぜひ、皆さんも同じ系統の質問して、矛盾を引き出せる箇所がないかを振り返ってみてください。

　なんか噛み合わないなぁというモヤモヤが解消できて、いい結果が生まれるでしょう。

著者プロフィール

野口哲平（のぐち・てっぺい）

株式会社Open Field代表取締役社長。WEBデザイナー＆ディレクター。

東京学芸大学教育学部卒業後、複数の企業を経て、アパレルネット通販会社入社。ネットショップの運営、商品仕入れ、キャンペーン企画を担当しながら顧客心理を掴む方法を研究、実践を重ねて、店長として年商1億円の会社を3年で2億円に成長させる。2008年10月に独立し、2012年（株）Open Field設立、現職。高額な広告費用をかけず、0円でコンバージョンを最大化し、ファンが殺到するオリジナルメソッド「顧客心理逆算式」デザインの法則を完全体系化。サザビーグループのブランド「NOJESS」、片岡物産のブランド「辻利」のサイト制作など、大手ブランドのホームページ制作案件を手がける一方、成果だけでなくセンスやこだわりを求められる企業のHP制作を数多く手がけ、10年間で、10倍売り上げるページを1万ページ以上を制作してきた圧倒的な実績を誇る。

会社HP ● http://e-open-field.net/

売れるWEBデザイン
マーケティングの法則

2020年12月4日　初版発行

著　者　　野口哲平
発行者　　太田　宏
発行所　　フォレスト出版株式会社
　　　　　〒162-0824 東京都新宿区揚場町2-18 白宝ビル5F
電　話　　03-5229-5750（営業）
　　　　　03-5229-5757（編集）
URL　　　http://www.forestpub.co.jp
印刷・製本　中央精版印刷株式会社

副業するなら カメラマン

小椋 翔 ［著］　1500円（税抜）

カメラ歴0日でも大丈夫！
副業として最高の選択肢、登場！

副業を考えている人、必読！　カメラ歴0日でも大丈夫！
1日2時間の仕事でテクニックもセンスも不要で、年収1000万円。副
業として最高の選択肢「稼げる副業カメラマン」になるための全ノウハ
ウ一挙大公開。受講生の9割以上が「稼ぐ副業カメラマン」となってい
る超人気カメラマン養成所の代表が、「簡単テク」はもちろん、「集客」「リ
ピーターづくり」「売上アップ」の秘策など、たった90日で稼げるカメ
ラマンになれるノウハウを徹底伝授します。

副業するなら ポスティング

松島宣武 [著]　　1500円（税抜）

未経験OK、リスク＆コストゼロ！
バイト数名で月収50万円以上の
コスパ最強の副業ビジネスの全ノウハウ！

未経験OKの新型チラシ配布オーナービジネス入門書が登場です！
新聞折込チラシの激減でニーズが急増しており、ニューノーマル時代
に入り、再注目されています。バイト数名、社員自分だけで月収50万
円以上が可能。日本一のポスティングオーナーが【儲けのカラクリ】【ク
ライアント集客術】【投函テク】【バイト・マネジメント】など、リスク＆
コストゼロで稼げる全ノウハウを完全公開します。

売れるWEBデザイン
マーケティングの法則

読者の方に無料
特別プレゼント

自社サイトと連動して、
インスタを最大限に活用する方法
（PDF ファイル）

著者・野口哲平さんより

自社サイトの売上アップにはSNSの活用は不可欠です。今回、
自社商品の購入を促しやすいSNSの代表格インスタグラム
を最大限活用する方法を、著者・野口さんが解説した未公開
原稿をご用意しました。読者の方に無料特別プレゼントです。
ぜひダウンロードして、本書とともにご活用ください。

特別プレゼントはこちらから無料ダウンロードできます↓

http://frstp.jp/ureruweb

※特別プレゼントはWeb上で公開するものであり、小冊子・DVDなどを
　お送りするものではありません。
※上記無料プレゼントのご提供は予告なく終了となる場合がございます。
　あらかじめご了承ください。